Les Compliments

DU MÊME AUTEUR

AUX ÉDITIONS DU ROCHER

À pas d'oiseaux, Chroniques, 2000.

Les Habits du dimanche, 1999.

CHEZ D'AUTRES ÉDITEURS

L'Homme de paille, illustré par Stéphane Girel, Gallimard Jeunesse, 2002.

Histoire (de dent de devant) de Lapin, en collaboration avec Christine Patry, Somogy-Archimbaud, 2000.

Meuh !, Ramsay-Archimbaud, 1996 ; Pocket, 1997.

FRANÇOIS MOREL

Les Compliments

Chroniques

ÉDITIONS DU ROCHER / ARCHIMBAUD

ISBN 2-268-04483-1

Sur un mur, tout près de la gare d'Ermont-Eaubonne, un graffiteur fâché avec l'orthographe et les étrangers avait écrit : « Les Français d'abords ! »

Quelqu'un avec de la peinture rouge a barré le « s » incongru et, sobrement, a noté « faute de français ».

Ces compliments sont dédiés à cet humoriste anonyme et réconfortant.

AMÉLIE NOTHOMB

Il y a des écrivains qui écrivent comme on parle, Amélie Nothomb parle comme on écrit. Dans un français choisi, châtié, impeccable. Quand Amélie Nothomb rate le bus, elle ne dit pas : « Merde ! Putain ! Fait chier ! Saloperie de bus ! En plus il caille... », elle dit : « Infinie est ma déception, immense est mon regret, incommensurable est ma rancœur tandis que là-bas, dans les brumes incertaines d'un triste matin de givre et de frimas, de glace et de froidure, s'éloigne à tout jamais, en partance vers Clichy, le bus 95 qui déjà de ma vue disparaît, s'engouffre dans un abîme d'oubli, me laissant seule sur le trottoir attristé de ma désolation cruelle et désemparée... ».

« Ben, qu'elle se fasse pas de mouron la petite dame, elle va prendre le prochain... »

Quand Amélie Nothomb est à table, elle ne dit jamais : « Passe moi le sel », elle dit : « Veux-tu bien, je te prie, avoir la gracieuse prévenance de me prêter pour un court instant cette salière en bois aux allures de valeureux phallus solide et amical, innocent godemiché, qui, ignorant tout de lui-même et de ses interlopes capacités, donnera à la tambouille la plus insipide et fadasse la saveur inespérée, le piquant inattendu d'un mets de choix, enrichi conséquemment par la fleur des marées ? »

« Tiens, le v'là ton sel. »

L'avantage avec Amélie Nothomb, c'est qu'il suffit de l'entendre pour avoir déjà l'impression de lire. Le désavantage pour les proches d'Amélie Nothomb, c'est qu'ils ne peuvent pas la refermer après l'avoir cornée dans un coin ni la poser sur une étagère ou au pied de leur lit quand ils sont un peu fatigués et qu'ils aimeraient bien dormir.

Quelquefois, en effet, la façon de parler d'Amélie n'est pas sans douloureuses conséquences. Ainsi, adolescente à l'ambassade elle participait volontiers à des surboums fréquentées par des jouvenceaux auprès de qui les figurants de Pascal Sevran auraient fait figure de dangereux hooligans. Un soir, tandis qu'un boutonneux fils de diplomate s'était risqué à demander pendant un slow des Aphrodite Childs : « Pardon mademoiselle, vous habitez chez vos parents ? », Amélie n'avait pu s'empêcher de répondre : « Est-ce que j'habite chez mes parents ? Suis-je la fille de mes enfants ? Suis-je la mère de mes parents ? Sait-on jamais vraiment où l'on habite, enfant, dans ces contrées fragiles où s'arrête le temps ? Moi je viens d'un pays près du Soleil levant, moi je viens d'un pays bien loin de l'Occident, est-ce que j'habite chez mes parents ? Suis-je la mère de mes parents... ». L'adolescent n'avait pas demandé son reste et s'était très vite éloigné d'Amélie, préférant se rabattre sur la fille de l'attaché culturel qui marchait en canard, pesait cent vingt kilos et arborait vaillamment un poireau sur le nez ainsi qu'un appareil dentaire mais qu'elle savait retirer spontanément dans les moments décisifs pour offrir des baisers mouillés et, grâce au ciel, silencieux.

Enfin, Amélie Nothomb, il n'y a pas de doute, est un écrivain. Selon une voisine, le plus grand écrivain français. Bon, elle ne vous a jamais lue ma voisine mais elle sait que vous aimez porter des chapeaux rigolos en bouffant des trucs pourris. On dirait un sujet pour *C'est mon choix* : « Je porte des chapeaux rigolos en bouffant des trucs pourris. »

Le jour où le thème de l'émission sera « J'écris des drôles de livres troublants et originaux », nul doute que vous serez invitée. Je ne suis pas sûr qu'Évelyne Thomas sera intéressée par ce sujet...

ÉLIE CHOURAQUI

Un jour, André Malraux était aux cabinets. Sa femme l'appelle, tambourine à la porte close et lui dit : « André, c'est le monsieur du dictionnaire des citations de chez Larousse, il voudrait savoir si tu aurais pas quelque chose à dire sur le XXIe siècle. »

Je sais, ça peut paraître un peu vulgaire de dépeindre une sommité telle qu'André Malraux dans un lieu qui ne se situe pas à la hauteur de son génie. Je sais. Cela pourrait dénoncer chez moi une coupable propension à la facilité. On serait enclin à penser que je glisse sur la pente de la scatologie et de la complaisance la plus vile. Mais seul le souci de la vérité historique m'oblige à surprendre, sans gaieté de cœur, je vous en réponds, André Malraux dans ses cabinets un jour qu'il était légèrement dérangé à cause d'un melon trop mûr que la veille au soir, agrémenté d'un porto capiteux, il avait absorbé entouré de quelques amis.

Chez les Malraux, on ne manquait pas de courage quand les circonstances l'imposaient, et Mme Malraux elle-même ne s'était pas dérobée devant ses responsabilités quand elle fit une remarque justement teintée de reproche au sujet du melon de la veille à Félix Potin qui lui avait répondu : « Je sais bien ma pauvre madame Malraux qu'il était trop mûr le melon que je vous ai vendu hier mais franchement mettez-vous à ma place qu'est-ce que je pouvais faire ? Vous me voyez en train de vous dire : prenez pas de melon, mame Malraux, ça va vous donner la chiasse ? »

(Je vous prie d'excuser cette digression inopportune uniquement justifiée par mon souci de vérité historique et profitons-en plutôt pour saluer au passage le petit peuple de Paris dont le naturel séculaire et la gouaille ancestrale méritent nos hommages et notre reconnaissance éternelle.)

André Malraux, tel un penseur viscéral de Rodin, profitait donc de cet instant prolongé de solitude pour finir les mots croisés de *Paris Match*. Avec une nuance d'agacement dans la voix, le ministre de la Culture du général de Gaulle qui n'aimait pas, et on le comprend, être importuné dans ces moments-là s'écria : « J'aime pas qu'on me dérange quand je suis aux cabinets, t'as qu'à dire au type de chez Larousse que je suis en rendez-vous et que je le rappelle dans cinq minutes. »

Bon. La femme d'André répond : « André s'excuse, il aime pas être dérangé quand il est dérangé, il a un rendez-vous aux cabinets, il vous rappelle dans cinq minutes. » Une heure dix plus tard, André rappelle le monsieur du dictionnaire des citations de chez Larousse et dit cette phrase inoubliable : « Le XXIe siècle sera spirituel ou ne sera pas. » Oui, une heure dix plus tard, car André Malraux avait buté sur la définition du trois vertical « Fait de la soupe » en six lettres... Il s'était dit « C'est pas possible que ce soit Obispo vu qu'on est en 1963 et qu'il n'est pas encore né ! » Finalement c'était Liebig.

Je n'ai pas à juger les propos d'un homme aussi considérable que M. André Malraux, mais qu'il ait pu avoir ce jugement hâtif sur Pascal Obispo sans le connaître, je le dis très simplement, me choque un peu. On peut penser ce qu'on veut de l'œuvre de Pascal Obispo mais je trouve un petit peu déplacé de la part de l'auteur de *La Condition humaine* de porter un verdict prévisionnel aussi arrêté sur une œuvre qu'il ne pouvait appréhender vu qu'il ne pouvait la subir.

Allons, monsieur André Malraux, vous êtes certes un grand homme. Bien sûr votre combat en faveur des républicains antifranquistes est remarquable. Bien sûr vos *Antimémoires* méritent nos éloges. Bien sûr l'engagement d'un homme, qui toute sa vie a su mêler la littérature et l'action, est admirable, mais je vous en prie monsieur Malraux, ce n'est sûrement pas à vous de stigmatiser la mainmise sur toute une génération désolée qui a dû endurer sans broncher ces centaines de couplets écrits pour Pagny, Kaas, Hallyday et aujourd'hui pour le spectacle d'Élie Chouraqui.

Un peu de décence monsieur Malraux si c'est possible. Un peu d'honnêteté monsieur le ministre.

J'espère, monsieur Chouraqui, que vous appréciez la vigueur avec laquelle je sais remettre à leur place vos détracteurs éventuels.

Le jour suivant, c'est un type du dictionnaire des citations de chez Robert qui réclama une phrase au sujet des petits déjeuners. André Malraux lui-même répondit au téléphone. Aussitôt il inventa cette phrase qui, moins que la précédente, est passée à la postérité, mais dont la vérité, des années après, ne cesse de nous subjuguer tant elle est pénétrante :

« L'inconvénient quand on petit-déjeune au lit, c'est les miettes. »

HUGUETTE BOUCHARDEAU

Huguette Bouchardeau, je suis heureux de vous rencontrer car, comme vous, j'ai toujours été de gauche. D'ailleurs, à la maison, on a toujours été de gauche. Papa était de gauche. Maman était de gauche. L'amant de maman était de gauche. L'amant de papa aussi. Même les ouvriers de l'usine de papa étaient de gauche. Même le chien était de gauche, un petit pékinois appelé Mao. Même nos domestiques étaient de gauche. On a même eu un palefrenier qui sifflait du Jean Ferrat quand il brossait les chevaux de maman, après qu'elle les eut promenés pendant des heures aux confins de notre propriété solognote.

Une fois, une seule fois, on a eu une bonne qui après avoir été pendant très longtemps méhaigneriste est devenue bayrouiste, et à qui l'on ne pouvait pas jeter la pierre puisque son père, lourde hérédité, était lui-même lecanuetiste. Jocelyne

– elle s'appelait Jocelyne notre petite bonne –, avant de mettre quoi que ce soit dans sa bouche, récitait un bénédicité. Pendant la période où elle nous servait, la petite Jocelyne, vu la vigueur, l'ardeur virile dont mes frères et moi pouvions à l'époque nous prévaloir, c'était les JMJ toute la journée à la maison, on a été obligés de s'en séparer.

Papa a toujours été de gauche, mais très convaincu. En mai 1968, alors que les ouvriers pendant les événements continuaient leur travail comme si de rien n'était, papa en signe de solidarité avec le mouvement contestataire s'était séquestré lui-même dans son bureau. Il s'était attaché au pied d'un radiateur et se donnait lui-même des coups dans le ventre en hurlant : « Salaud de profiteur ! Salaud de profiteur ! » Certains de ses employés, notamment M. Bignard, contremaître, et Mlle Bougnadoux, chef du personnel, essayaient de le raisonner : « Voyons monsieur le directeur, il faut rentrer chez vous, vous ne pouvez pas rester comme ça... » Papa ne voulait rien entendre : « Non, disait-il, les salauds de patrons, on aura leur peau. » Papa a fini par se relâcher au bout de plusieurs jours de négociations acharnées qui l'opposaient à lui-même après avoir accepté la plupart des propositions qu'il s'était faites. Comme dit toujours papa,

« Je n'ai eu besoin de personne pour faire mes accords de Grenelle ! »

À la maison, on a toujours été de gauche. Il faut voir le nombre de pétitions que papa a signé contre lui-même. Il a même dénoncé publiquement certaines pratiques financières scandaleuses dont il était le principal bénéficiaire. Il y a des moments, il fallait qu'il ait du courage pour subir la violence de ses propres attaques. Papa a tenu bon jusqu'au bout. Jusqu'à sa nomination à un poste important d'un gouvernement qu'il a d'ailleurs violemment combattu.

À la maison, on a toujours été de gauche. On a même eu un valet de chambre abonné à *Pif le Chien*. On a même eu un maître d'hôtel barbu qui avait été l'amant d'une petite cousine d'Isabelle Aubret.

Alors quand maintenant on nous cherche des poux dans la tête sous prétexte que, je ne sais pas quoi... papa faisait des affaires avec la maison Elf, des broutilles... un peu de trafic d'armes avec l'Angola... on estime que le monde est bien injuste. Comment on aurait pu trouver l'argent pour payer toutes les plaquettes papier glacé qu'on éditait pour vanter le partage des richesses et dénoncer les salauds de profiteurs, les ordures de magouilleurs.

Les procès d'intention qu'on a dû subir nous ont dégoûtés. C'est bien simple, on a suivit votre exemple, Huguette, on ne fait plus de politique. Sauf que nous, on s'est mieux débrouillés ! Les bouquins, l'édition c'est bien joli, mais ça ne rapporte rien ! Il fallait avoir plus d'ambition Huguette ! Nous, on continue un peu les affaires. On vit en dehors de la France. Sur une petite île des Philippines. L'autre soir, il y a eu M. Sirven qui est venu manger à la maison. Très gentil, très poli.

Au moment des liqueurs, tandis qu'au loin on apercevait les lumières de Manille et que l'on entendait dans la chaleur ambrée des soirées tropicales le doux clapotis des sampans et des jonques ramenant les ouvriers des mines de manganèse de papa, on n'a pas pu s'empêcher de parler politique. Très profondément, je crois qu'on est restés en accord avec nos convictions d'autrefois...

Vous vous souvenez en 1981, Huguette, quand on disait qu'on voulait changer la vie ? Eh bien, c'est ce qu'on a fait, on l'a changée notre vie.

PHILIPPE DELERM

C'est un homme, un matin, il a pris le métro. Il est debout, adossé à la portière, il ne regarde personne. Il a un journal à la main, pas tellement pour le lire, plutôt pour se mettre hors du monde. Hors de ce monde qui se presse, qui pousse, qui éructe, qui pue de la gueule, qui demande avec l'onctuosité d'un ultimatum « Vous descendez ? », qui se regarde de travers, qui la mort dans l'âme observe, comme un remords, sur les murs de faïence des paysages de campagne ensoleillée, comme une insulte, les plages de rêves, si chaudes, si lointaines. C'est un homme parmi les autres qui a un journal à la main. Pas tellement pour savoir ce que Tibéri a dit de Séguin, ce que Séguin a dit de Chirac, ce que Chirac a dit de Tibéri, vu que comme tout le monde il s'en fout, mais pour ne pas avoir à supporter tous ces visages fraîchement vaporisés, tous ces destins vieillis avant l'âge, déjà fatigués, broyés.

Il jette un œil sur le programme télé. Hommage à Joe Dassin. La violence à l'école. Et puis une toute nouvelle émission présentée par Pierre Bellemare. Il imagine déjà sa soirée : dans la main sa télécommande, dans sa tête, le coupable sentiment de ne pas avoir ouvert un livre depuis... Depuis combien de temps déjà ?

C'est un homme, un matin, il a pris son métro.

Tout d'un coup, sur sa gauche, il sent qu'un regard s'est posé sur lui, insistant. Quelqu'un là-bas, sur le strapontin d'en face, le dévisage. Il n'arrive plus à se concentrer sur rien. Ni sur les mots croisés, ni sur le box-office, ni sur les petites annonces. Il y a quelqu'un qui l'observe. Il lève les yeux, un peu malgré lui, un peu confus de se soumettre au diktat d'un regard inconnu, peut-être hostile.

C'est une jeune fille, elle est jolie. Dans sa main, elle tient un livre : *La Première Gorgée de bière*. Tiens, c'est un livre qu'on lui a déjà offert deux fois et qu'il n'a jamais lu. Pas le temps... Pourtant, on lui a dit que c'était bien, que ça se lisait facilement... La jeune fille lui sourit. Il regrette de ne pas avoir lu le livre, il aurait pu l'aborder, lui conseiller une autre œuvre du même auteur, faire son intéressant, lui dire qu'il a écrit un autre bouquin bien meilleur mais qui évidemment n'a jamais eu de succès. Ça fait combien de temps qu'il n'a pas osé parler à une jeune fille comme ça ? Peut-être depuis la fac... ça fait si longtemps. Évelyne, il y a vingt ans (« qu'est-ce que je dis ? vingt-cinq ans ! »), c'est comme ça qu'il l'avait rencontrée, en lui parlant de Le Clézio.

La jeune fille est belle, elle lui sourit jusqu'à montrer ses dents, si blanches, si parfaites, si émouvantes. Il sent qu'il devrait dire quelque chose mais il reste muet. Muet de désir, mais effervescent. C'est elle qui va lui adresser la parole et lui rougit comme un adolescent, ému aussi de s'apercevoir que malgré ses premiers cheveux blancs, sa silhouette un peu voûtée, ses demi-lunes, son ventre un peu trop rond mais tellement rassurant, il est capable de séduire encore. Le sourire de la jeune fille est plus pur que *La Naissance de Vénus* de Boticcelli. Plus beau que le plafond de la chapelle Sixtine. Un instant, elle plonge à nouveau son regard dans le livre et puis le relève, incapable de se concentrer sur les mots, sans doute plus troublée qu'il n'y paraît. Peut-être déjà amoureuse elle aussi, transie, emportée, bouleversée par le jeu de regards qui s'est installé entre eux et qui dans quelques heures sans doute les aura transformés en amants exaltés, passionnés, insatiables et fougueux.

Ses lèvres si adorables, si voluptueuses enfin remuent. Elle dit : « Vous voulez ma place monsieur ? »

…

Qui n'est jamais tombé de la tour Montparnasse sans parachute ne peut imaginer ce que le monsieur a ressenti. C'était la première fois que, dans le métro, on lui cédait une place. Il s'est assis sur le strapontin, a constaté que le Cac 40 avait encore baissé. Le soir, entre l'émission pute, l'émission chiante et l'émission conne, il a zappé. Sur une étagère il a aperçu ses deux exemplaires de *La Première Gorgée de bière*. Il les a saisis, il a ouvert la fenêtre, les a balancés aussi loin qu'il a pu.

Allez, Philippe, il ne faut pas lui en vouloir.

RÉGINE

Régine, d'abord mes excuses... Je suis entré dans votre établissement, il y a quelques années. C'était la première fois que j'allais chez vous. Quand je suis arrivé et que je vous ai salué, j'ai dit..., et je pensais vous faire un compliment, j'ai dit..., et je vous prie de m'excuser si je vous ai froissée, j'ai dit..., et je ne pensais pas être désobligeant, j'ai dit, et je m'en veux, si c'est le cas, de vous avoir blessée, j'ai dit, et je revois encore la noirceur du regard que vous m'avez lancé, j'ai dit... « Régine, vous êtes incontournable ! »

C'est vrai que vous bouchiez un peu l'entrée mais vous n'étiez pas la seule. Et puis de toute façon, je n'avais rien à dire : vous étiez chez vous. Toutes mes excuses Régine.

C'est vrai que vous êtes un monument parisien. Vous êtes Paris à vous toute seule. Vous êtes l'Arc de Triomphe, la tour Eiffel, les quais de la Seine, les Champs-Élysées et, un jour, vous serez les Invalides. De même que le monde entier a un jour ou l'autre visité Paris, le monde entier un jour ou l'autre s'est retrouvé chez vous. Le monde entier fortuné, évidemment. Le beau monde. Celui qui fait rêver les patients des phlébologues abonnés à *Gala* et les permanentées qui feuillettent avidement *Voici*, comme celle qui rentrait chez Maniatis l'autre jour et précisait à la coiffeuse : « C'est pas pour une coupe, je viens juste, pour me faire rafraîchir le derrière... »

Vous êtes, Régine, une reine de la nuit qui pendant des années a régné sur un royaume interlope et nyctalope. Tous ceux qui sont venus chez vous étaient fiers de faire partie du même clan. Son Excellence le prince Rainier de Monaco, Collaro, Roger Pierre, Pierre Palmade. Ils étaient si fiers qu'ils chantaient à tue-tête leur appartenance à ce clan de la nuit... Collaro[1], Collaro, ro, ro, Roger Pierre, Roger Pierre, Pierre, Pierre, Pierre Palmade, Madonna, Nacéri, Richard Gere, Gyrophare... Gilbert Gyrophare était certes nettement moins connu que ses compagnons de la nuit. Gilbert Gyrophare avait fait fortune dans le textile en tant que négociant dans toute la région de Charbonnières-les-Bains. À partir de deux heures du

1. Sur l'air de *Trois Petits Chats*.

matin, il tentait de faire pardonner son honteux anonymat et le poireau qu'il arborait piteusement sur son nez couperosé en offrant régulièrement des tournées générales...

Hier soir encore, je suis passé au New Jimmy's et rien n'avait changé... Stéphane Bern, qui sait prêter l'oreille à toutes les détresses, écoutait attentivement les confidences du singe de Joey Starr... « Joey est un garçon extrêmement impulsif, c'est vrai, racontait le chimpanzé qui cachait sa tristesse derrière de grosses lunettes noires que venait de lui prêter Paul-Loup Sulitzer, mais il a un cœur gros comme ça, la preuve, regardez les bijoux qu'il m'a offerts pour mes dix-huit ans ! » Stéphane admirait les considérables ornements que l'animal exhibait. Ne lisait-on pas un peu d'amertume et d'envie dans les pupilles d'habitude si joyeuses de celui qui n'en avait jamais reçu d'aussi beaux ?

Si, on en lisait.

Le toujours vaillant Jean-Paul II attirait tous les regards sur la piste où il présentait les figures d'une toute nouvelle danse appelée « la tremblante » avant de se retirer assez tôt dans la soirée non sans avoir embrassé quelques amis. « Je rentre, je suis crevé, c'est à cause du jet-lag », devait-il confier à une Denise Fabre admirative. « Votre Sainteté a encore de beaux restes », assura Denise en le bécotant sous la tiare.

Près du bar, on reconnaissait quelques-uns des amants de Stéphanie, de Caroline et du prince Albert, en train de comparer leurs press-books.

Dans le coin des intellos, Philippe Sollers écoutait les confidences de Loana. « Je suis en train de relire tout Louis-Ferdinand Céline. C'est drôlement long vu que déjà il a un nom mais aussi deux prénoms dont l'un fait trois syllabes. » « Fer-di-nand », démontrait-elle en dépliant ses doigts fraîchement manucurés tout en regrettant que le niveau du nouveau *Loft* ait extrêmement baissé par rapport à son époque. « Oui, le niveau baisse, confirmait Luc Ferry, mais je suis là pour y remédier. Dorénavant tous les bacheliers devront savoir lire et écrire ! » décida-t-il sur-le-champ tandis que Steevy lui demandait si son deuxième prénom n'était pas Jules par hasard, auquel cas il était déjà allé dans son école primaire à Le Mans dans la Sarthe.

Régine, quand je suis rentré, la tête un peu embuée, j'ai pensé à vous. Régine, me disais-je attendri, c'est la France. Elle qui a fait fortune en vendant de l'alcool aujourd'hui se bat contre les drogues, comme la France vendeuse d'armes et militant pour la paix. Oui, Régine, si je ne craignais de défriser votre rouge crinière, je dirais... Régine, elle est vraiment incontournable...

JEAN PIAT

C'est un homme élégant aux tempes grisonnantes
Qui depuis des années dans les théâtres enchante.
Il a joué Musset, Molière et Marivaux,
Il a joué Labiche, et Guitry et Feydeau.
Comédien raffiné, cet esthète accompli
A consacré aux planches la passion de sa vie.
Oui je parle de moi Augustin de Beaupré
Acteur de complément qui jamais n'a percé.
J'avais toutes les grâces, tous les dons, cependant
Personne n'a jamais remarqué mon talent.
La fortune a souri à d'autres et me voilà,
Ça fait penser un peu à *Je m'voyais déjà.*
J'ai aimé le théâtre en fou sans équivoque
Mais hélas mon amour ne fut pas réciproque.
Ah ! le rideau qui bouge, le public impatient
Qui murmure excité tout fébrile et content,
Le rideau qui frémit, les coups de brigadier,
Et le rideau qui s'ouvre sur un monde inventé.

Jean Piat

Je n'ai jamais joué que les utilités,
Ceux qu'on appelle ainsi car on peut s'en passer,
Ceux qui sont sur la scène mais ne font pas rêver,
Ceux qu'on ridiculise quand ils sont hallebardiers.
Je fis du cinéma dans les années cinquante
C'est moi qu'on aperçoit près du jardin des Plantes
De dos sur un vélo dans un film de Gabin.
Il était très gentil, m'avait serré la main.
En famille je suis vedette de renom
On m'invite aux mariages, aux fêtes, aux
[communions,
À la fin des repas quand on s'attarde à table
On réclame de moi un poème, une fable.
Volontiers je récite un passage d'Hugo,
La tirade du nez de mon cher Cyrano,
Les mots de Perdican admirable Musset,
On m'applaudit alors j'ai enfin mon succès,
Avant qu'on me demande d'un air un peu gêné :
« Pourquoi ne vous voit-on jamais à la télé ? »

J'ai joué à Vierzon, Vesoul et Concarneau
Dans des tournées minables des spectacles idiots.
Pour jouer en plein air j'étais très recherché
Car ma voix de stentor couvrait jusqu'aux sifflets.
Plusieurs fois j'ai reçu des tomates avariées
Et quelques fruits pourris rançon de l'insuccès.
Sur les Boulevards jadis j'avais été doublure
Pendant toute une saison de Jean Piat, une pointure.

Je savais tout son texte, pouvais le remplacer,
Reprendre tout son rôle comme ça au pied levé,
Mais je n'ai jamais pu au public le montrer :
L'était jamais malade, jamais indisposé.
Quand au mois de juillet sur les routes de France
On voit passer le Tour ah ! quelle effervescence,
On acclame le vainqueur sur les Champs-Élysées
Avec indifférence on reçoit le dernier.
Lui aussi a couru lui aussi a souffert
Mais son effort jamais n'est mis dans la lumière.

S'il vous plaît lorsqu'un jour je quitterai la scène
Pour aller m'allonger dans un cercueil en chêne,
Qu'on grave sur ma tombe « Ici gît de Beaupré
Un acteur passionné, un comédien français,
Qui a vécu de songes et de rêves manqués,
Qui voulait à la vie préférer son reflet ».

ÉRIC ET RAMZY

Éric et Ramzy, j'ai fait à votre sujet une petite enquête autour de moi. Un travail d'investigation que j'ai réalisé sans prétention mais qui permet de dessiner le profil de votre public. Sans avoir, à proprement parler, réalisé un sondage, je me suis arrêté sur un échantillon représentatif de la population française de quatre personnes entre dix-huit heures et vingt-deux heures trente le 22 mars 2001 quand, après être allé porter ma voiture au garage pour la révision des cent mille, je me suis fait inviter à dîner chez ma sœur. Il ne s'agit donc pas d'une étude scientifique, mais plutôt de la photographie, à un moment donné, d'une tendance générale.

Première remarque : il y a des gens qui détestent ce que vous faites. Mon garagiste, avec qui j'échange librement des idées, il ne peut pas vous voir. Parlant de vous, il m'a dit : « Ils sont complètement tarés ces mecs-là ! » Croyez bien que je suis désolé, mais c'est ce qu'il m'a dit pour argumenter le fait qu'il ne vous appréciait pas. « Ils sont complètement tarés ces mecs-là ! » Mon beau-frère, qui est contrôleur à la SNCF, et qui est arrivé sur ces entrefaites pour faire une vidange et gonfler ses pneus, a ajouté : « Moi, c'est pareil Éric et Ramzy, ça me fait pas rire, je vois pas trop ce que ça... » Le garagiste a approuvé. Mon beau-frère a conclu : « Remarque si les gens sont assez cons pour... » Mon beau-frère, qui est contrôleur à la SNCF, a tendance à ne pas finir ses phrases. Commentant la défaite de Jack Lang à la mairie de Blois, mon beau-frère a dit : « Qu'est-ce que tu veux, les mecs ils croient que... » J'ai acquiescé. Question politique, je trouve que mon beau-frère fait preuve de pas mal de clairvoyance.

Éric et Ramzy, il y a aussi des gens qui adorent ce que vous faites. Le fils de mon beau-frère, le contrôleur à la SNCF, et qui, par conséquent, est mon neveu, il vous adore. Aurélien qu'il s'appelle. Parlant de vous, Éric et Ramzy, il m'a dit : « Ils sont complètement tarés ces mecs-là ! » Pour argumenter le fait qu'il vous adore. « Ils sont complètement tarés ces mecs-là ! » C'est ce qu'il m'a dit.

Ma sœur, en revanche, qui est la mère d'Aurélien et qui est l'épouse d'un contrôleur SNCF, a une opinion plus nuancée. Elle dit: « Des fois, c'est pas mal. Des fois, c'est moyen. »

« Des fois, c'est pas mal. Des fois, c'est moyen » résume assez bien la pensée générale de ma sœur. C'est une expression qu'elle utilise régulièrement soit pour critiquer les programmes à la télé, soit pour évoquer les qualités gustatives des produits Picard, soit pour décrire l'ambiance du cours de gym tonique où elle va tous les mercredis soirs, et qui est plus ou moins sympa selon que sa copine Jocelyne est là ou pas, soit aussi pour rendre compte des exploits sexuels de son mari, qui est contrôleur à la SNCF et se défend comme il peut. « Si tu avais passé toute la journée debout à poinçonner des billets entre Paris et Châtellerault, tu serais peut-être pas si... »

Enfin, pour affiner l'analyse, je dois vous signaler que ma sœur, elle trouve dommage que vous vous soyez séparés. Bien sûr, elle apprécie que l'un de vous fasse ses petites annonces et que l'autre ait le courage de se présenter aux élections à Dreux, mais elle préférait quand vous étiez en duo. Ma sœur a pas mal d'avis sur beaucoup de sujets mais elle a tendance à confondre.

Par exemple, elle m'a dit: « Tiens, j't'écoute de temps en temps sur RTL le matin chez Ruquier. Des fois, c'est pas mal. Des fois, c'est moyen. »

Mon beau-frère a dit : « C'est pareil. Quand c'est tous les jours, il y a des moments, ça doit pas être si... »

Comme j'avais laissé la voiture chez le garagiste, je suis rentré à pied. Mon beau-frère m'a dit : « T'es sûr ? J'en n'ai pas pour long, si tu veux, ça me dérange pas de... »

Dans le fond, il est gentil mon beau-frère, mais je n'ai pas voulu, il faisait bon, j'ai préféré faire un peu d'exercice.

« Comme tu veux, a dit mon beau-frère, tiens j'essaierai de t'écouter quand il y aura les deux comiques. Si ça se trouve, ils sont pas si... »

ANNA KARINA

« Qu'est-ce que j'peux faire ? J'sais pas quoi faire... », demande Anna Karina depuis *Pierrot le Fou*.

« Qu'est-ce que j'peux faire ? J'sais pas quoi faire... », demande Anna depuis toujours.

Ben, je ne sais pas Anna, fais du vélo, de la planche à voile, du roller, de la patinette, du ballon dirigeable, des confitures, fais-toi un petit ciné, tiens... fais de la monnaie.

« Qu'est-ce que j'peux faire ? J'sais pas quoi faire... »

Il y a toujours quelque chose à faire, Anna : un petit souper aux chandelles, deux kilomètres à pied, un enfant, Paris-Lyon en deux heures. On peut faire son lit, la vaisselle, le marché, le ménage en grand. On peut faire honneur à ma gougère bourguignonne, si on ne fait pas le difficile. On peut même en reprendre sans se faire prier. Si on veut faire mon bonheur.

On peut faire beaucoup de bruit pour rien. Ses chaussures neuves, il faut les enfiler si on veut les faire.

Tout ce qu'on peut faire, Anna, c'est pas croyable !

On peut faire du tricot, la guerre. On peut faire des affaires ou les yeux doux. On peut faire la gueule ou les Beaux-Arts. On peut faire l'amour ou le sac à main d'une vieille. On peut faire l'andouille ou le maillot, si on veut aller à la piscine. On peut faire pitié ou la charité s'il vous plaît. On peut faire l'imbécile ou plombier à son compte depuis bientôt quinze ans dans la région d'Amélie-les-Bains.

« Qu'est-ce que j'peux faire ? J'sais pas quoi faire... »

Je ne sais pas Anna.

Vous pouvez faire contrepoids. Vous pouvez me faire l'addition ?

Je ne sais pas Anna...

Mais il y a quand même moyen de s'occuper. Mon petit-neveu, à six mois, il fait déjà ses dents. La dame qui le garde, en attendant, elle fait ses mots croisés. Son mari fait les trois-huit, son chien fait de l'eczéma.

On peut faire de son mieux, trois années de prépa, douze mois d'armée, vingt-deux ans de peine incompressible, on peut faire l'Italie par la côte.

On peut faire des folies, du café pour tout le monde, on peut faire une erreur, le nécessaire. On peut faire ce qu'on peut. On peut faire sa médecine. On peut faire semblant.

Anna !

Il y a toujours quelque chose à faire !

Si je vous fais un compliment, je ne voudrais pas en faire trop... mais vous n'avez qu'à continuer à faire ce que vous faites depuis toujours.

« Le cinéma, c'est l'émotion », dit Samuel Fuller dans *Pierrot le Fou*. Et la chanson, c'est l'émotion, quand c'est vous qui chantez. « Nous sommes faits de rêves et les rêves sont faits de nous. » Et parmi les rêves qu'on fait, il y a vous...Vous, qui n'avez qu'à faire l'artiste. Vu que depuis toujours, c'est comme ça qu'on vous aime, y a rien à faire...

Y a rien à faire
Qu'à vous aimer
Y a plus qu'à s'taire
Qu'à la fermer
Parc'que dans l'fond les phrases
Ça fait tort à l'extase...

DANIEL GÉLIN

– Daniel Gélin, Daniel Gélin... c'est pas celui qui faisait mon Minou dans *Les Saintes Chéries* ?

– Tu rigoles Daniel Gélin c'est un acteur intello, il a joué avec Planchon, c'était un copain de Vitez, même qu'il a joué dans les films à Duras !

– Ah bon ? Ça m'étonnerait que ça soye un acteur intello ton Daniel Gélin, je le connais : c'est celui qui jouait dans *Marc et Sophie*. J'aime autant te dire que c'est pas le genre « prise de tête ». Non, non, il joue dans des merdes, mais il a l'air sympa...

– Ta gueule, je sais qui c'est Daniel Gélin : c'est un jardinier. Je le sais. Il a un chapeau de paille, il a les cheveux blancs, genre Papy Brossard, il passe tout son temps derrière une brouette, il te dit quand il faut rentrer tes géraniums, quand il faut couper tes rosiers, des trucs comme ça... Même que ma grand-mère, elle a découpé toutes ses chroniques dans *VSD*.

– C'est ça, et c'est sûrement dans les plates-bandes qu'il aurait fait la connaissance de Cocteau, espèce d'atrophié du bulbe ! Tu crois que c'est en ramassant ses patates qu'il serait devenu intime avec Marlon Brando, Jean Renoir, Marcel Pagnol et Alfred Hitchcock. Arrête, Daniel Gélin, c'est un mondain.

– Pauvre con, Gélin, c'est un poète ! Ça te dit quelque chose la poésie, piètre prosateur prosaïque ? Il en a écrit plein des livres de poèmes. Il a même écrit un recueil de poèmes à dire et même que son copain, c'était un taulard homosexuel qui s'appelait Jean Genet.

– Pauvre taré, Gélin le copain de Genet ! Il a été le premier amant de Signoret, le mari de Danièle Delorme. De quoi tu parles séducteur de Monoprix ? Daniel Gélin, il a été avec les plus belles femmes du monde qu'i y a eu sur la planète et qui étaient toutes du sexe tout ce qu'il y a de plus féminin. Don Juan à côté c'était un eunuque. Quand il branche une jeune fille dans un hôtel, c'est Ursula Andress, quand il allume la télé, il devient l'amant de Jacqueline Huet. Gélin, je vais te dire... Gélin, c'est pas un acteur. C'est un tableau de chasse !

– Mais ne dis pas n'importe quoi, Gélin, c'est d'abord un socialiste. Il est abonné au *Nouvel Obs*. En plus, il est capable de payer de sa personne. La preuve : non seulement il connaît Jean Daniel, mais en plus il lit ses éditoriaux jusqu'au bout.

– Penses-tu ! Gélin, c'est un franc-tireur, un anar, un libre penseur.

– Gélin, tu plaisantes. Il y connaît rien à la politique. Il vote écolo, il est copain avec Françoise de Panafieu, il s'en fout de tout ça...

– Ah bon ? Mais je croyais que Gélin c'était un ami de Mitterrand...

– Impossible : il a de l'admiration pour Rocard.

– Mais quand même Gélin, c'est plutôt un acteur comique.

– Tu rigoles : il a joué la tragédie, il a fait pleurer tout le cours Simon rien qu'en récitant du Vigny.

– Ah bon. Mais ils sont combien alors de Daniel Gélin ? Ils sont plusieurs, c'est pas possible

– Je vais te dire... Daniel Gélin c'est une troupe à lui tout seul, c'est un parti à lui tout seul. C'est une humanité à lui tout seul, avec des sales types, des gentils mecs, des poètes, des acteurs, des séducteurs, des jardiniers, des amants, des amis, des papys, des comiques, des tragédiens, des militants, des saints, des salauds...

Dans le fond, des Daniel Gélin, il y en a pour tout le monde... On a tous quelque chose de

Daniel Gélin. C'est la réunion des contraires. C'est l'addition des antithèses. Un rire inconsolable. Un désespoir gai. Daniel Gélin, il a toujours une bonne raison pour avoir les yeux qui brillent. Sa vie, pleine de fous rires et de chagrins, c'est une comédie italienne.

Daniel Gélin, c'est un torrent intrépide avec plein d'affluents, plein de courants contraires, un flot ininterrompu. Sa vie n'est pas un long fleuve tranquille. Daniel Gélin, c'est un pays à lui tout seul avec une géographie originale. La Loire s'est jetée dans la Rance et la Rance s'est mêlée à la Seine. Aussi peu maîtrisable que la Loire, aussi secret que la Rance, aussi séduisant que la Seine, Daniel Gélin, avec la seule cohérence de sa vitalité, nous dit que le fleuve est immense et qu'on aurait tort de ne pas s'y noyer.

MARIE LAFORÊT

Marie Laforêt, j'ai décidé de faire comme vous : j'arrête de vieillir. Ce n'est pas une décision facile à prendre... Mais vous serez d'accord avec moi : c'est d'abord une question de volonté.

Au début de mon existence, comme beaucoup, par faiblesse, par entraînement, j'avais pris l'habitude de vieillir. Au début, je ne m'en rendais pas compte. On prend un an comme ça, sans trop s'en apercevoir puis un autre et au bout d'un moment on devient vieux sans y prendre garde. Vieillir, à une époque, ça ne me paraissait pas dangereux, ça me semblait naturel. Pendant des années, c'était centimètre sur centimètre puis cheveux blanc sur cheveux blanc.

Il y en avait bien qui me disaient de me méfier, je m'en souviens, mais je ne les écoutais pas. L'âge, au bout d'un moment ça devenait comme une drogue. Il faut dire que j'avais commencé très jeune, au moment de la communale, c'est dans les cabinets qu'on s'enfermait à plusieurs, pour vieillir ensemble...

Une fois, on s'était fait gauler par le proviseur qui nous avait réunis dans son bureau. Il nous avait fait des remontrances : « Pour l'instant vous grandissez, vous êtes contents, mais vous verrez qu'un jour vous finirez par le regretter. Vous vieillirez et vous ne saurez plus comment vous arrêter. Votre âge deviendra une dépendance. » Moi et mes copains, ça nous faisait marrer, on ne voulait rien entendre, on se croyait plus forts que tout le monde, on était fiers de vieillir.

Personnellement, je crois que si je vieillissais, c'était surtout pour me donner une contenance, une façon de m'occuper : « Qu'est-ce qu'il fait ? Il vieillit. »

Je crois même, sans me vanter, que ça plaisait aux filles. Je voyais bien que j'avais plus de succès que ceux qui n'avaient pas osé franchir le pas. Le poil au menton, dans la tête un peu de plomb, ça plaisait.

Je me suis marié. La vie me souriait. Je continuais à vieillir, mais sans y penser, machinalement...

Un jour ma femme est tombée enceinte. On était heureux mais elle s'apercevait bien que je n'arrêtais pas de vieillir. Ça l'inquiétait un peu.

À cause du petit. Elle m'a dit : « Ce serait plus raisonnable que tu arrêtes de vieillir, au moins tant qu'il est en bas âge. »

Alors, par amour pour ma femme et mon enfant, j'ai fait des efforts, je ne vieillissais plus dans la maison. Le soir, des fois après le café, j'allais vieillir un petit peu sur le balcon. Comme ça. Juste une ride ou deux. On ne se défait pas si facilement de ses habitudes.

Et puis j'ai rechuté, j'ai pris des années comme on prend du ventre. J'ai pris du ventre comme on prend de l'importance. J'ai pris de l'importance comme on prend un coup de vieux.

Ce qui m'a vraiment mis la puce à l'oreille, c'est quand on a commencé à me dire régulièrement « Toi tu ne vieillis pas ».

Quand on commence à vous dire « Toi tu ne vieillis pas », c'est mauvais signe. C'est qu'on est sérieusement marqué. On n'aurait jamais l'idée de dire ça à un perdreau de l'année.

Maintenant ça y est. C'est décidé. J'arrête.

J'arrête à condition, évidemment, que ça ne m'empêche pas de vivre. Après tout, quelqu'un a dit... je ne sais plus qui (j'ai l'âge d'avoir des souvenirs mais plus de mémoire...) : « Vieillir, c'est encore le meilleur moyen de ne pas mourir jeune. »

IVAN LEVAÏ

Mettons tout de suite les choses au point. À la question « Qui est Ivan Levaï ? », il n'est pas du tout déplacé de répondre : « C'est une journaliste allemande. » Dans son livre *La République des mots*, Ivan Levaï nous apprend que c'est à lui que François Mitterrand parlait paisiblement des particularités de la météo locale à deux pas de la place Gudin de Château-Chinon le 10 mai 1981 à dix-huit heures trente, tandis que le premier secrétaire du PS venait d'apprendre sans sourciller qu'il était devenu le nouveau président de la République française. Dans son édition datée du mardi 12 mai 1981, *Le Monde* évoque la scène mais en contestant la version d'Ivan Levaï puisque le journal précise que c'est à une journaliste allemande que l'heureux candidat s'adressait personnellement.

Une question se pose : Ivan Levaï est-il mythomane ? Ivan Levaï est-il un fabulateur ? C'est possible.

Il est possible également que près de François Mitterrand se soient trouvés et Ivan Levaï et la journaliste allemande et aussi un groupe d'une soixantaine de journalistes agglutinés dans ce salon de l'hôtel du Vieux-Morvan, chacun étant intimement persuadé que c'est à lui seul que s'adressait l'homme providentiel quand il évoquait avec passion le taux de pluviométrie dans le Morvan devant un public adulateur et hypocrite. Il est possible que depuis ce jour une soixantaine de livres aient été écrits par des journalistes désireux de raconter l'instant où leur destin personnel a flirté avec l'histoire de France.

Le 10 mai 1981, le futur président parlait de la pluie et du beau temps. Tous les journaux du lendemain ont raconté la scène. C'est à ce genre de détail qu'on pouvait deviner la fascination qu'allait exercer François Mitterrand. C'est avec ce genre de détail qu'on peut également agacer le président Giscard d'Estaing parce qu'il peut bien parler de ce qu'il veut, tout le monde s'en fout, alors que lui aussi doit avoir des réflexions captivantes sur la pluviométrie au-dessus du puy de Sancy.

Après une réflexion approfondie de ma part, grâce au seul fruit de mon intense recueillement, j'en suis venu à la conclusion suivante : il est possible également – et c'est la version la plus plausible – que la journaliste allemande qui devisait tranquillement avec la grande figure politique n'était autre qu'Ivan Levaï soi-même qui s'était déguisé en correspondante du *Augsburger Allgemeine*. À aucun moment François Mitterrand, pourtant si attentif et si perçant, n'avait soupçonné que cette gretschen accorte, aux nattes longues et blondes dégringolant sur un fessier généreux, cette germaine échotière à la poitrine abondante et appétissante comme un panier rempli de cochonnaille teutonne, n'était autre qu'Ivan Levaï. Lequel, capable de tout comme n'importe quel journaliste pour obtenir un scoop, avait usé d'un stratagème habile afin de mieux approcher le vieux président érotomane.

Ivan Levaï, dans une robe traditionnelle bavaroise, dut quitter à toute allure Château-Chinon poursuivi par un vieillard en rut qui se révéla être René Bousquet, l'indéfectible soutien du nouveau président. René Bousquet, également sensible depuis longtemps aux charmes germaniques, avait jeté son vicieux dévolu sur l'énigmatique Allemande. Qui était-elle cette tudesque beauté affolant à la fois René Bousquet et François Mitterrand ?

Ivan Levaï. Ivan Levaï qui, pendant des années, fut tourmenté par cette histoire. Même si le temps a passé, le petit orphelin juif de Budapest ne pouvait sérieusement envisager de refaire sa vie avec l'ancien chef de la police vichyste, quand bien même François Mitterrand se serait proposé pour être le témoin.

Plus jamais, et c'est un signe qui ne trompe pas, même pour une soirée déguisée ou un bal costumé, Ivan ne remit son costume folklorique qui avait tant ému le président et son ami. Plus jamais, alors que pour venir présenter sa revue de presse sur les ondes il lui était facile d'adopter une tenue décontractée, Ivan ne remit sa tenue teutonne. Ce matin encore, alors qu'il participe à une émission humoristique, Ivan Levaï a choisi la sobriété d'une cravate et d'un costume. N'est-ce pas la meilleure preuve du bien-fondé de mes allégations ? Ivan Levaï délaissa son costume historique, puis un jour l'offrit à Annie Cordy qui devait s'en servir pour une reprise de Frida Oumpapa.

On le voit, Ivan Levaï, même s'il a entretenu des relations de flirt avec les hommes politiques, n'a jamais été jusqu'au mariage.

AMÉLIE NOTHOMB 2

Amélie Nothomb, vous venez d'écrire un livre. Bon, ce n'est pas spécialement original : depuis 1992, vous sortez un livre tous les ans. Il semblerait, Amélie, que vous n'ayez pas ce que l'on appelle l'angoisse de la page blanche.

Personnellement, je l'ai.

Je l'ai mais à un point que vous ne pouvez même pas imaginer. Rien que pour écrire ces quelques lignes, qui en aucun cas ne peuvent prétendre déclencher le moindre sourire, j'ai eu du mal. Oui, ces quelques petites phrases banales, insignifiantes, qui ne provoqueront ni admiration ni jalousie, cette introduction ni spécialement drôle ni franchement originale et que l'on serait même en droit de qualifier de pauvre, voire d'indigente, de besogneuse, de pitoyable, j'ai passé plusieurs longs mois à l'écrire. Pour vous faire entrer dans le cheminement difficultueux de ma pensée inféconde et cependant tortueuse, je vais vous demander de bien vouloir réécouter le début de mon texte afin qu'une seconde fois vous puissiez bien mesurer toute sa profonde insuffisance.

Voilà il faut juste prendre le temps de recaler la bande...

Amélie Nothomb, vous venez d'écrire un livre. Bon, ce n'est pas spécialement original : depuis 1992, vous sortez un livre tous les ans. Il semblerait, Amélie, que vous n'ayez pas ce que l'on appelle l'angoisse de la page blanche. Personnellement, je l'ai.

Je l'ai mais à un point que vous pouvez même pas imaginer.

La première phrase, par exemple : « Amélie Nothomb, vous venez d'écrire un livre. » C'est vrai, je n'en suis pas mécontent. Avec un minimum de mots elle va droit au but, elle peut paraître simplement informative, directe, mais c'est que, naturellement, elle sait ne pas s'encombrer de renseignements périphériques et superflus. « Amélie Nothomb, vous venez d'écrire un livre », oui, dans son genre, est une phrase parfaite. Elle est pure, elle est idéale.

Je me souviens que je l'ai inventée dans la nuit du 1er au 2 juillet 2001. Je voulais, à cette époque, prendre un peu d'avance avant de commencer mon année, afin de me mettre quelques textes de côté au cas où au pied levé et au débotté on me réclamerait une chronique inspirée. « Amélie Nothomb, vous venez d'écrire un livre » est une phrase qu'en ce début d'été je jetai d'un trait radical et brûlant après avoir noirci des dizaines de pages de brouillon que je flanquais rageusement dans une corbeille à papier déjà remplie jusqu'à la gueule. J'avais notamment écrit « Amélie Nothomb, vous venez d'édulcorer une verveine menthe », mais je n'en étais pas satisfait... « Amélie Nothomb, vous venez d'écosser un pois gourmand », mais je n'étais pas totalement convaincu... « Amélie Nothomb, vous venez d'ébouillanter une écrevisse » était peut-être plus satisfaisant dans la forme mais il me fallait bien convenir que je ne traitais pas le vrai sujet.

Lorsque, après des heures de travail acharné, je trouvai « Amélie Nothomb, vous venez d'écrire un livre », je pleurai, bouleversé devant tant de simplicité, puis j'allai me coucher, harassé, fourbu mais heureux d'avoir su encore une fois exprimer avec un minimum de mots et une précision toute chirurgicale une réalité que déjà je prévoyais.

On me dira que ma phrase « Amélie Nothomb, vous venez d'écrire un livre » ne renouvelle pas totalement l'histoire de la littérature française.

C'est possible. Mais elle ouvre agréablement une chronique radiophonique. Bien sûr, je ne pouvais pas savoir le 1er juillet que vous seriez invitée de l'émission mais je pouvais sans trop de risque le prévoir puisque, comme je l'ai déjà dit, depuis 1992, vous sortez un livre tous les ans.

Doué d'une certaine souplesse intellectuelle, je pouvais également envisager d'adapter la phrase introductive au cas où ce ne serait pas vous l'invitée mais un de vos concurrents directs en littérature, Jean d'Ormesson, Michel Houellebecq ou Loana.

J'en suis tellement content de cette phrase que, non seulement je m'en servirai l'année prochaine à l'occasion de votre prochaine venue à l'émission, mais je peux très bien l'utiliser aussi pour conclure ma chronique d'aujourd'hui : « Amélie Nothomb, vous venez d'écrire un livre. »

FRANCIS HUSTER

Raymond Devos est un maître de l'absurde, Guy Bedos un pamphlétaire engagé. Arturo Brachetti est un professionnel du transformisme, Bruno Masure un comique de la consternation. Francis Huster, lui, ne s'apparente pas à tous ces amuseurs, il est pourtant l'un de nos plus grands comiques actuels, mais dans une catégorie particulière : le comique involontaire. Quand il prend l'accent du calvados pour faire rigoler avec Octave Mirbeau, peut-être Francis n'est-il pas totalement convaincant. Quand il décide de devenir un acteur comique avec le même entêtement qu'une poule envisagerait de faire des loopings au-dessus de l'aiguille du Midi, Francis, peut-être, n'est-il pas entièrement crédible. En revanche, quand par exemple il postule pour devenir directeur de théâtre, voire administrateur de la Comédie-Française, Francis nous fait rigoler depuis des années.

Chaque fois qu'à Paris un théâtre se libère parce que le précédent patron a laissé une grosse ardoise, parce que le chef de troupe n'est plus en odeur de sainteté auprès du nouveau ministre, parce que les directeurs séniles préparent leur prochaine création, un son et lumière définitif prévu au crématorium du Père-Lachaise, Francis est toujours là, fidèle au poste, prêt à bondir comme un cabri, déjà décidé à faire repeindre les loges, à agrandir le plateau, à équiper les cintres, à huiler le strapontin du rang H à l'orchestre qui, si l'on s'approche, écoutez bien... couine un peu.

Quelques semaines plus tard, on apprend que Francis s'est éloigné, déçu comme un chat qui n'aurait pas eu son content de caresses, dépité comme un chien qui après avoir jappé de désir devant un os considérable découvre qu'il s'agissait d'un leurre en plastique. C'est qu'il est comme ça Francis, il faut qu'il se jette à l'eau, il faut qu'il s'enthousiasme, qu'il s'exalte, qu'il s'emballe ! Il faut qu'il s'engoue, il faut qu'il s'enflamme ! C'est qu'il est comme ça Francis, c'est un supporter. Alors forcément, quand il arrive au ministère en faisant la hola, il inquiète. Quand devant les jardins du Palais-Royal il scande « Moliè-è-è-è re ! », il effraie.

Alors Francis, comme Charlot, à la fin du film, s'éloigne de la rue de Valois avec sur son épaule un balluchon rapiécé. Dedans, il n'y a rien sauf des larmes, et des rires, et des promesses de spectacles sur le monde qui tourne, sur la vie qui passe, sur le temps qu'il fait. C'est qu'il est comme ça Francis... Il ne peut pas s'empêcher de rêver : c'est un artiste.

Il s'en va Francis, il s'en va avec le seul théâtre qui ne saurait dépendre ni des aléas de l'administration, ni des agitations médiatiques, ni des basculements politiques, il s'en va avec le seul théâtre qui le fait vivre, son théâtre peuplé d'acteurs qui sans doute sont les fantômes de ses peurs et de ses enthousiasmes, son théâtre sans murs et sans rideaux, sans régisseurs, sans machinistes, qu'il dirige depuis toujours dans ses rêves les plus secrets, avec l'assurance des inquiets, et la sagesse des fous. Son théâtre à lui, inébranlable, robuste et résistant à toutes les tempêtes, à toutes les modes, à tous les changements de ministre. Son théâtre intime, celui qu'il a dans sa tête.

Et puis Francis, il faut se faire une raison : le comique, c'est pas pour les jeunes premiers, il faut être raisonnable. Sinon, qu'est-ce qui va rester à ceux qui ont un physique plus ingrat.

SERGE LAMA

C'était le temps, le temps béni de la rengaine, c'était le temps où les chanteurs avaient de la voix. Un jour le petit Chauvier au théâtre des Capucines écouta son papa pour la dernière fois. « C'est bien joli de vouloir faire l'artiste, avait dit maman, mais c'est pas ça qui fait bouillir la marmite. » Papa Chauvier continuait à chanter du Mariano mais au volant de sa voiture de représentant de commerce avec la bière Éclat peinte sur la carrosserie.

C'était le temps, le temps groggy dans la verveine.

Alors le petit Chauvier en larmes s'est dit, moi, plus tard, je ferai chanteur pour faire chier maman.

C'était le temps, le temps béni de la rengaine. Le petit Chauvier avait pas trop d'amis. Il était pas trop liant, l'était du genre solitaire. Au temps des ballons rouges, il était plus vieux que les jeunes de son âge. Lui, ses copains ils étaient dans les livres. Un jour, à la piscine, pour une fille au teint de rose, il voulut réciter un poème. La fille a dit « ouais c'est sympa ton truc, je te remercie bien mais je préfère autant aller piquer une tête » et puis elle partit au bras du maître nageur moins littéraire mais plus musclé.

C'était le temps, le temps enfoui dans Paul Verlaine.

Alors le petit Chauvier en larmes s'est dit, moi, plus tard, je ferai chanteur pour faire chier les sportifs.

C'était le temps, le temps moisi de la gégène. Le petit Chauvier, à dix-huit ans, se retrouve dans le Sahara. Pour faire son service militaire, se retrouver en Algérie qui reste un beau pays. Rendu alors à la vie civile, le petit Chauvier s'est peut-être dit moi, plus tard, je ferai chanteur pour faire chier les fusils.

C'était le temps, le temps béni de la rengaine...

C'était le temps, le temps honni de la vingtaine. Un jour sur la route, sa fiancée disparut dans un fait divers. Une vie détruite, une vie à recommencer. Le petit Chauvier dans son lit d'hôpital se battait pour résister, pour vivre quand même. Malgré l'amour disparu, malgré le bonheur enfui.

C'était le temps, le temps pourri de la déveine.

Alors le petit Chauvier en larmes s'est dit, moi, plus tard, je ferai chanteur pour faire chier la mort.

C'était le temps, le temps béni des rengaines devenus disques d'or. Le temps des succès, le temps des Palais des Congrès. Le petit Chauvier devenu grand Lama ne s'est pas résolu à devenir l'artiste de référence, le chanteur de révérence, continue à lancer ses coups de gueule, à l'ouvrir, parfois à tort et à travers, parfois pour dire des conneries. Les autres savent gérer la renommée. Pour élargir leur public, l'homme de droite Sardou fait copain-copain avec l'homme de gauche Guy Bedos mais, dans le fond, ils habitent les mêmes quartiers. Le petit Chauvier, toujours un peu mal dégrossi, continue de se battre avec les fantômes angoissés de son enfance. Faut bien apprendre à vivre avec. Le petit Chauvier en larmes a même réussi à passer pour un chanteur comique.

Parce qu'il est devenu chanteur. Pour venger son père, pour venger la mort, pour venger Verlaine, a même fini par se réconcilier avec la vie, avec les sportifs, avec les femmes, avec sa mère.

Aujourd'hui que c'est le temps adouci de la cinquantaine, le petit Chauvier qui chantait si fort fredonne d'une voix plus apaisée la chanson de toute une vie.

C'était le temps, le temps béni de la rengaine...

ALAIN SOUCHON

Tonton Léon, breton grognon, fidèle de l'émission me pose des questions tandis que je fais des brouillons.

– C'est qui le prochain invité à ton émission ? me demande mon tonton Léon.

– Souchon, que je lui réponds.

– Je l'aime Souchon, qu'i m'dit Léon.

– Ah moi aussi je l'aime Souchon, que j'dis à Léon.

– Il sort une nouvelle chanson ?

– Nouvelle chanson, compilation, une collection.

– Qu'est-ce que tu vas pouvoir raconter sur Souchon ? me demande tonton (tonton Léon).

– Bonne question, je lui réponds...

– Pas coton Souchon, qu'i m'dit tonton Léon, tonton félon, pas coton coton...

– C'est sûr, mon pauvre Léon, quand c'est un con, on se pose moins de questions.

– T'as qu'à dire Souchon cocon à la maison, Souchon les frissons, Souchon l'émotion...

– Tonton...

– Fais donc une rédaction, composition, déclamation, propose Léon, des allitérations, élocution, belle expression « Sachez Souchon chausser ses chaussons, chassez des chansons sans sécher ses six saucissons ». Un truc profond : « Sous ses chansons séchait Souchon. Sans son Souchon son chant sent bon. »

– Non, je me morfonds, non, non, non, non.

– Tu lui parles pognon, mensurations, pour les garçons. Foule sentiments dans les talons.

Je mordille mon crayon. Illumination chez tonton Léon.

– Ben alors tu dis juste : « Content de vous rencontrer Alain Souchon vu que je vous aime. »

– T'es con Léon, que je dis à mon tonton, je peux pas faire juste dire « Content de vous rencontrer Souchon vu que je vous aime », ça fait pas une narration.

– Démerde-toi, qu'i m'dit Léon, après tout t'as qu'à dire que t'as une indisposition, que t'as les oreillons, que tu fais vingt-trois de tension, que tu as fait une intoxication, grosse infection, sale contagion, qu'à la prochaine occasion tu reviendrons pour Ardisson, Amélie Nothomb, Patrick Besson, Philippe Tesson...

– La prochaine fois c'est vendredon Laurent Ruquion, mardi prochon Chantal Goyon.

– Attention, le plus con, remarque tonton Léon, ce serait de faire une rédaction avec que des mots en « on ». Ce serait très con, sans réflexion.

– Dans le fond, t'as raison tonton Léon, je vais pas faire un carton, mais un peu d'abnégation, je vais pas me détruire le carafon, je vais suivre ton indication pour dire l'admiration : « Content de vous rencontrer Alain Souchon vu que je vous aime. »

Conclusion.

Terminaison.

LAURENT RUQUIER

Passant ce matin devant le café Les Ondes en face de la Maison de la Radio, vous avez peut-être été surpris de voir la rue des Boulainvilliers interdite à la circulation, vous avez peut-être respiré un fumet particulier, senti une agitation inaccoutumée, un grouillement, une excitation. Vous avez peut-être remarqué sur les trottoirs de grandes tables dressées recouvertes de draps blancs amidonnés. Vous avez peut-être entendu des cris frénétiques, des rires annonciateurs, des hurlements d'enfants endimanchés, des brouhahas de sauteuses et de poêlons, de cocottes et de faitouts, vous avez peut-être remarqué le ballet des fournisseurs et des fleuristes, des serveurs et des extra... C'est que l'on y organise une fête, c'est que l'on y prépare un festin, c'est qu'on est en train de faire cuire le veau gras : Ruquier est revenu !

Jean-Marie Cavada s'est fait pousser les dents toute la nuit, il parle tout seul comme un illuminé bruxellois en disant à son cœur de ne pas s'emballer, de faire comme s'il ne savait pas que Ruquier est revenu. Il s'adresse à des fantômes oubliés... « Toi la servante Santamaria vaudrait p't'être mieux changer les draps, Ruquier est revenu. Mon cœur arrête de répéter qu'il est plus beau qu'avant l'été le Ruquier qu'est revenu ! Et vous mes mains restez tranquilles, c'est un chien qui revient d'Europe 1, maudit Ruquier puisque te v'là. »

Déjà dans le studio 106 où l'on a accroché des guirlandes, suspendu des calicots avec écrit dessus « Laurent on t'aime », « Laurent tu nous as manqué », on a la tête qui chavire. Ils sont venus ils sont tous là. Même Laurent Gerra le frère maudit... Aujourd'hui la Maison de la Radio est en train de vivre un de ces moments historiques, le retour de l'enfant prodigue, de l'enfant prodige. C'est l'occasion de retrouvailles, de réconciliations, d'effusions, d'embrassades. Claude Villers et Guy Carlier s'échangent des conseils minceur. Philippe Val s'est déjà réservé une place juste à côté de Patrick Font afin de pouvoir, après vingt-cinq années de tournées ensemble, faire enfin connaissance.

La joie est dans les cœurs, le sourire sur les lèvres : Ruquier est revenu ! Pour beaucoup d'auditeurs fidèles c'est une véritable joie de vous entendre aujourd'hui car, uniquement branchés sur France Inter, ils pensaient que vous étiez décédé, les plus optimistes s'étonnaient qu'à votre âge vous ayez comme Saccomano fait valoir vos droits à la retraite.

Tout le monde est rassuré, non seulement il est vivant, mais Ruquier est revenu !

Seule ombre au tableau, notre atrabilaire réalisateur Jean-François Remonté n'a pu s'empêcher en l'accueillant ce matin de prendre des accents de boulanger cocu : « Ah dis la voilà tu l'as vu retourner la pomponette, dis garce, salope, ordure, c'est maintenant que tu reviens hein ? Et le pauvre Jean-Luc Hees, dis, il s'est fait un mauvais sang de peste depuis deux ans, il tournait, il virait, il te cherchait dans tous les coins, dans le décolleté de Boccolini, dans le brushing de Stéphane Bern, il était malheureux comme les pierres et toi, pendant ce temps-là, tu avais suivi ton Jérôme Bellay, ton chat de gouttière, un inconnu, un bon à rien, un passant de clair de lune... »

Ta gueule Jean-François, tu ne vas pas gâcher la fête, Ruquier est revenu ! D'accord il est pas revenu pour faire l'animateur mais juste pour faire la promotion d'un livre coédité par Europe 1, contenant plein de textes pour lesquels France Inter l'a déjà payé, mal certes, mais l'a payé quand même.

Ruquier est revenu ! Ils sont tous là pour lui faire la fête. Pierre Doris, le père spirituel, Laurent Violet, le fils spiritueux ! Philippe Bouvard de RTL et de *France-Soir* et du *Figaro* réunis, toujours ratiocinant contre les impôts, se fait tancer vertement par un collaborateur du *Fou du roi* : « T'as qu'à juste être chroniqueur à France Inter, eh Ducon ! Tu toucheras l'impôt de solidarité ! »

Ce soir, à la nuit tombée, quand tous seront partis, les amis, les vrais méchants, les faux gentils, quand le repas sera fini, quand rue des Boulainvilliers il n'y aura plus personne, même plus Pascal Brunner pour tirer la manche des convives en essayant de se rappeler à leur bon souvenir « Rappelez-vous, je m'appelle Pascal Brunner, j'ai eu une émission sur France 3, je sais imiter Raymond Barre... », quand devant Les Ondes il n'y aura plus que des nappes salies, des verres ébréchés, des cadavres roulant dans les caniveaux, certains se souviendront du petit Havrais qui le dimanche matin écoutait religieusement *L'Oreille en coin*, du petit provincial au visage ingrat, au cheveux sur la langue qui admirait tant Jacques Maillot, Jean Amadou et qui aujourd'hui est devenu leur patron.

Ruquier est revenu ! Pourtant quelquefois, il n'en revient pas...

CHANTAL GOYA

Je ne sais pas si vous vous souvenez de moi mais nous nous sommes déjà rencontrés, c'était il y a quelques années et je me suis retrouvé dans vos bras... Souvenez-vous, le Palais des Congrès, votre loge, une étreinte, un baiser, des larmes...

Moi, j'avais environ six ans et demi et vous aviez déjà exactement le même âge qu'aujourd'hui, entre vingt-cinq et soixante ans. Mes parents m'avaient conduit à un de vos spectacles et à l'issue de la représentation, afin de vous faire signer le programme, ils m'avaient emmené dans votre loge. Nous étions plusieurs bambins amourachés de vous, incrédules de se retrouver si proches de leur idole et tout d'un coup je ne sais pas ce qui vous a pris, devant une escouade de caméras et de flashes crépitants, vous m'avez soulevé de terre, fait un baiser et serrant votre joue contre la mienne, vous vous êtes mise à hurler: « Vive les enfants, les enfants sont merveilleux, les enfants sont tous mes amis ! »

Et là, je me mis à crier « Vilaine la dame, méchante la dame ! », à sangloter, à réclamer ma mère. Aussitôt, vous relâchâtes votre étreinte, vous me restituâtes à maman, et pas regardante vous jetâtes votre tendre dévolu sur une autre tête blonde plus docile. Maman, écarlate, gênée, s'excusa dans l'indifférence la plus complète, mettant sur le dos de ma timidité incorrigible mon inexcusable insolence.

Si je vous parle de cet épisode douloureux de notre vie commune, Chantal, c'est, sinon pour me justifier, au moins pour vous expliquer mon attitude d'alors. Comprenez-moi Chantal. Autant j'aime bien qu'on me fasse des compliments un peu personnels, autant j'adore qu'on me caresse dans le sens du poil que j'ai, pour le bonheur de certaine, fourni, autant je déteste qu'on me considère en cheptel.

Comprenez-moi, Chantal, les enfants ne sont pas tous merveilleux, les enfants ne sont pas tous adorables. Il y en a qui sont sournois, fourbes, détestables. Il existe des sales moutards, des mouflets désagréables, des lardons odieux.

Je déteste faire partie d'une généralité. Sans être exceptionnel, Chantal, sachez-le, je suis un être d'exception. Je suis un être unique. Mettez-vous ça dans le crâne une fois pour toutes. Et aujourd'hui encore si une femme pendant l'étreinte me crie « Vive les hommes, les hommes sont merveilleux, les hommes sont tous mes amis ! », je ne sais pas ce qui me prend, mais aussitôt je me mets à hurler, à crier « Vilaine la dame, méchante la dame », à sangloter, à réclamer ma mère.

Je ne suis pas un lieu commun, je ne fais pas partie d'un troupeau, je ne fais pas partie du bétail. Nous sommes des millions sur la planète à être des êtres uniques, et si demain vieillard, cacochyme, centenaire, sénile, au rancart, au rebut, périmé, oublié sur une voie de garage, tombé dans l'obsolescence et la désuétude, si demain une seule infirmière déguisée en Bécassine et shootée à l'éther me serre contre son sein en criant « Vive les vieux, j'adore les vieux, les vieux sont tous mes amis ! », je rassemble ma dernière énergie, je réunis mes ultimes ardeurs et je la gifle, je la détruis, je la saccage, je la terrasse, je la défenestre !

Au journal de vingt heures, le présentateur, au moment des faits divers annoncera...

« Triste fin pour François Morel qui, quelques-uns des moins jeunes d'entre nous s'en souviendront peut-être encore, avait eu jadis un petit nom dans le milieu théâtral et radiophonique. Il vient dans un accès de folie meurtrière d'assassiner sauvagement une infirmière de l'hôpital Ambroise-Paré, unanimement appréciée des malades et du personnel. Tandis qu'il hurlait "Vilaine la dame, méchante la dame!" L'infirmière a succombé à ses blessures, l'œil gauche et l'oreille droite arrachés.

» On ne sait pas à qui le forcené s'adressait, lorsque, avant de plonger dans un coma profond, il s'est mis à murmurer d'une voix à peine audible mais déterminée "Je ne suis pas une généralité, Chantal, je suis un être unique". »

PHILIPPE GELUCK

Ça fait un moment que j'observe votre petit manège, Philippe Geluck, tant dans les magazines qu'à la télévision, tant dans vos bandes dessinées que dans votre attitude générale et je crois pouvoir mettre à nu l'un de vos fonctionnements les plus distinctifs... Si je pouvais trouver une seule expression capable à la fois de résumer votre œuvre et votre personnalité et qui saurait ne pas vous trahir, ce serait, et j'espère ne pas vous vexer en circonscrivant votre démarche dans une formule qui en la définissant risque hélas de la réduire, Philippe Geluck... tant pis je me lance, je me jette à l'eau, tant pis si ça fait des dégâts... Philippe Geluck, vous êtes un humoriste.

Je pense en effet monsieur Geluck, ne vous déplaise, qu'il serait hasardeux de considérer votre œuvre comme on apprécierait un précis de mathématiques, le code de droit canon pour l'Église romaine ou une notice explicative accompagnant le modèle réduit d'un avion à turbopropulseur de type Tupolev 114.

Ne dites pas le contraire, s'il vous plaît monsieur Geluck, au moins je vous demande de faire preuve de suffisamment d'honnêteté intellectuelle et de ne pas me contredire lorsque citant le grand philosophe et homme de lettres Jacques Chancel j'aurais, avec la même pénétrante pertinence, tenté de vous saisir : « Véritablement Philippe Geluck vous êtes un humoriste. »

La question qu'on serait alors en droit de se poser est la suivante : « Est-il plus difficile de faire rire que de faire pleurer ? » Généralement on répond « oui ». Généralement. C'est le genre de réponse qu'on donne comme ça sans même y réfléchir, une affirmation qu'on lance un peu au hasard et que l'on ne s'embarrasse pas de vouloir démontrer.

Contrairement à l'idée reçue, je pense personnellement qu'il est beaucoup plus facile de faire rire que de faire pleurer car, pour faire pleurer, il faut souvent des accessoires. On peut faire rire quelqu'un en le chatouillant sous les bras, si l'on veut faire pleurer la même personne, on aura généralement besoin d'un couteau et d'un oignon.

Dans les cours de récréation, les histoires drôles de Toto font rire. On raconte quelquefois des histoires pas drôles de Toto, on ne raconte jamais ses histoires tristes. Pourtant Toto, il est comme les copains, il a ses soucis, il a sa petite dernière qui vient de faire une jaunisse, son Audi qui vient de le lâcher alors qu'elle n'a même pas deux cent mille au compteur, sa vue qui baisse et ses cors qui lui font mal aux pieds. Toto, il est comme les copains, sa vie n'est pas drôle tous les jours.

Encore la semaine dernière, je vous raconte... c'est Toto qui s'est coincé le doigt dans une porte et qui va à la pharmacie pour acheter un baume des Pyrénées et là, il se fait renverser par une voiture, et là il est emmené dans une ambulance, on le conduit à l'hôpital et là, on lui met de l'oxygène sur la bouche, et là il arrive aux urgences et là, il meurt.

Ce n'est pas drôle, j'avais prévenu, ce n'est pas drôle, mais ce n'est pas non plus très triste. En fait, on s'en fout des histoires tristes de Toto. Dans l'assistance, je ne remarque aucune larme, alors qu'objectivement il ne pouvait pas lui arriver grand-chose de plus triste à Toto.

Je pense avoir su démontrer, avec brio je crois, qu'il est donc plus facile de faire rire que de faire pleurer.

Pourtant Philippe Geluck, la mort (ainsi que la vieillesse, l'absurdité de vivre et la chute des cheveux) est partout présente dans vos ouvrages. La mort vous obsède. Et vous avez tort, car si Gérard Miller est mortel, vous ne l'êtes pas. Maintenant que vous travaillez à la télévision, vous devez connaître suffisamment de spécialistes de lieux communs pour en trouver un qui, le jour de votre enterrement, dira avec l'émotion du poncif : « Philippe, c'est bien la première fois que tu ne nous fais pas rire. »

Autour de votre tombe devenue le lieu de rendez-vous de tous les chats philosophes et errants, plusieurs félins auront la larme à l'œil.

Moi, ce jour-là, regardant votre cercueil descendre lentement sous la terre, je penserai à ce que ne manque jamais de dire ma mère lorsqu'elle arrive à la dernière vignette de vos albums : « Eh ben, on est aussi avancé au début qu'à la fin... »

JULIETTE GRECO

Excusez-moi Juliette, mais je ne parlerai pas de vous.

Solidarité de classe, fraternité des laissés-pour-compte, des oubliés, des délaissés, moi qui, faiblement, obscurément, survis à l'ombre de la lumière éblouissante de Stéphane Bern, je voudrais rendre hommage à celles qui vous accompagnent. Celles qui pendant toute la durée de votre carrière n'ont jamais abandonné la grande artiste que vous êtes et que vous seriez peut-être moins sans elles.

Excusez-moi Juliette, je ne parlerai pas de vous mais de ces deux vestales chargées d'entretenir le feu secret qui brûle en vous. Deux gardiennes du temple, deux protectrices toujours fidèles au poste.

Excusez-moi Juliette, mais quand je vais vous voir sur scène, moi, je n'ai d'yeux que pour elles. Excusez-moi, Juliette, je ne devrais pas le dire mais je serais capable presque de ne pas vous écouter, de ne pas vous entendre, d'à peine vous regarder.

Je ne vois qu'elles. Parfois on sent que vous préféreriez vous en passer tant vous les trouvez envahissantes.

Excusez-moi si je froisse votre susceptibilité Juliette, mais souvent elles vous volent la vedette quand, sans prévenir, comme deux feux follets, elles surgissent de derrière votre dos.

Excusez-moi Juliette mais sans elles vous seriez moins fascinante. Ce sont elles qui savent mettre en valeur l'artiste, ce sont elles, comme deux inséparables, deux anciennes demoiselles racées, comme deux siamoises, sensuelles et fines. Ce sont vos girls à vous, deux bonnes filles qui sont à votre service et qui ne demandent rien, elles sont juste assez contentes de profiter des miettes de votre gloire, de se réchauffer un peu à la chaleur de vos projecteurs. Ce sont elles qui vous entourent, elles qui vous donnent le rythme, elles qui vous cachent et vous découvrent. N'ont même pas besoin de plumes, de strass ni de boas. Ce sont les danseuses de votre music-hall à vous, quand elles font un peu d'arthrite, ne se plaignent même pas. Ce sont des coriaces, des dures à cuire.

Dans les coulisses, ce sont elles qui vous rassurent, qui donnent le change, qui vous caressent la joue, déplacent une mèche de vos cheveux, vous font un ultime raccord de maquillage. Pourtant, elles sont comme vous, elles n'en mènent pas large. Fébriles, nerveuses, avant d'entrer en scène, elles font un dernier signe de croix.

Sans avoir jamais suivi de cours, elles savent tout faire, tout exprimer. Savent s'envoler comme des petits oiseaux, se faufiler comme des petits poissons.

Mais elles sont aussi tigres apprivoisés ou chatons qui s'étirent. Elles sont le fouet qui claque, la vague qui roule, le bateau qui vogue, le nuage qui menace.

Vos mains... vos mains Juliette... qui apaisent, vos mains amoureuses quand elles sont caressantes, vos mains douces qui effleurent. Vos mains Gréco qui claquent, vos mains qui giflent, vos mains en colère quand elles sont poing levé, quand elles sont fraternelles.

Après le spectacle, elles se frottent l'une contre l'autre, heureuses, épuisées, alanguies.

Excusez-moi Juliette, mais je ne parlerai pas de vous.

Ce n'est pas la peine, tout le monde parle de vous... « Juliette Gréco, grande dame de la chanson française », je suis d'accord... Ne seriez-vous qu'une petite dame de la gastronomie lituanienne, une grosse dame de la quincaillerie chypriote, une dame considérable de la maroquinerie andalouse qu'on vous aimerait quand même, qu'on vous aimerait tout autant, pour peu qu'on vous connût.

Ce qu'on aime chez Gréco, c'est la voix qui murmure, le souffle qui frissonne, et ses mains qui écrivent sur la page imaginaire de notre mémoire les mots de l'émotion.

FRANÇOISE DE PANAFIEU

Françoise de Panafieu fait de la politique. Elle est de droite. Elle aime pas trop qu'on parle des affaires de droite car ça affaiblit la démocratie. Elle déteste pas trop qu'on parle des affaires de gauche car ça affaiblit la gauche.

Si Françoise de Panafieu avait un physique plus rébarbatif, on l'appellerait Bernard Pons.

Bernard Pons fait de la politique. Il est de droite. Il trouve que quand ça s'engueule entre les partis de gauche, c'est la chienlit. Il pense que quand ça se déchire entre les partis de droite, c'est l'émulation. Si Bernard Pons portait une jupe on l'appellerait Michelle Alliot-Marie.

Michelle Alliot-Marie est de droite. Elle aime pas trop qu'on la contredise. Elle fait de la politique. Et pitié également quand elle prend la parole à la tribune de son parti. Si Michelle Alliot-Marie était de gauche, on l'appellerait Élisabeth Guigou.

Élisabeth Guigou est de gauche. Elle aime pas trop qu'on parle des affaires de gauche car ça affaiblit la République. Elle déteste pas trop qu'on parle du terrain de Chirac acheté par la fondation Pompidou car ça fait chier la droite. Si Élisabeth Guigou était la fille de Jacques Delors, on l'appellerait Martine Aubry.

Martine Aubry fait de la politique. Elle est pour obliger les entreprises privées à se mettre aux trente-cinq heures. Elle était pas trop pour imposer les trente-cinq heures dans le service public car ça coûte cher. Si Martine Aubry était syndicaliste, on l'appellerait Marc Blondel.

Marc Blondel est syndicaliste. Il est pour que les ouvriers travaillent moins. Il est pour les trente-cinq heures sauf pour son chauffeur personnel. Son chauffeur personnel qui, faisant ses trente-cinq heures tous les deux jours, en a eu marre que son patron ne respecte pas un minimum le code du travail, et l'a envoyé devant les prud'hommes.

Si M. Prudhomme était vivant, il serait pas dépaysé.

M. Prudhomme était au XIXe siècle la caricature du bourgeois extrêmement satisfait de lui-même. Si Henri Monnier l'avait créé ce matin, il l'aurait appelé Marc Blondel ou Édouard Balladur ou Maxime Gremetz ou Jean-Louis Debré.

Jean-Louis Debré est de droite. Il trouve que c'est insupportable de parler des voyages de Chirac à l'île Maurice payés en argent liquide car ça ne permet pas d'élever le débat démocratique. Jean-Louis Debré aime bien rappeler l'implication de Lionel Jospin dans le financement occulte du parti socialiste car les Français ont le droit de savoir.

Si Jean-Louis Debré avait un nez rouge on l'appellerait Zavatta.

Achille Zavatta est mort. S'il était vivant, on l'appellerait à la rescousse.

À la rescousse également est appelé Charles de Gaulle qui, avec Yvonne lorsqu'il recevait à Colombey un chef d'État, payait, dit-on, de sa poche et la poule au blanc et le bordeaux millésimé qui va avec. Si Charles de Gaulle était vivant, est-ce que vous êtes bien sûre qu'il voterait Chirac ?

Moi, franchement, madame de Panafieu, vous ne m'inspirez pas d'antipathie. Comme on dit, vous n'êtes pas la pire. Aujourd'hui comme plein de gens, je suis heureux de vivre en démocratie. Comme plein de gens, de gauche ou de droite, je déteste les discours démagogues qui tendent à mettre tous les politiciens dans le même sac. Comme plein de gens, je ne suis pas d'accord pour crier avec les loups de l'extrémisme l'air de « Tous pourris ».

Mais franchement, faut nous aider un peu.

GENEVIÈVE DE FONTENAY

« Ça faisait longtemps ! C'est de l'increvable ! De l'inoxydable ! C'est de l'insubmersible ! C'est plus possible ! Va falloir l'abattre ! Jusqu'à quand va falloir supporter ça ? Mais qu'on l'achève ! Qu'on en finisse ! On n'en peut plus ! Qu'on l'anéantisse ! Il faut lui faire bouffer son chapeau à la vieille ! »

« Eh oh ! tout doux, m'insurgé-je, devant un ami en visite, calme-toi veux-tu bien. Pèse tes mots s'il te plaît. Parle sur un autre ton, je te l'ordonne, en aucun cas tu n'es autorisé à t'exprimer d'une manière aussi vulgaire sur une personne dont tu peux ne pas partager les convictions mais que tu serais bien inspiré s'il te plaît de respecter car, que tu le veuilles ou non, cette personne, que tu brocardes avec tant de grossièreté, est quand même le chef de l'Église catholique. D'autre part, je te signale à toutes fins utiles que Jean-Paul II ne porte pas un chapeau mais une mitre, et que même si Sa Sainteté met des robes, ce qui est quand même bien son droit vu qu'à son âge il aurait bien tort de se soucier du qu'en-dira-t-on, il est pour le moins déplacé de l'appeler "la vieille". »

Mon ami antipapiste baissa les yeux, puis posant ses lèvres sur mon anneau pastoral, que baisent à l'envi tous ceux qui réclament ma miséricorde, il s'excusa de son inconvenant aparté.

« Va, tu es pardonné, mais défends ma quiétude
Je dois écrire ici et la tâche est bien rude
Une chronique alerte et j'espère inspirée
À l'intention demain d'une femme invitée...
Qui est-elle cette femme ? questionna mon ami
Geneviève' de Fontenay, laisse-moi je te prie. »

À ces mots, le visage de mon ami devint celui d'un illuminé, le rouge monta à ses joues, ses poils se hérissèrent, et comme d'un épileptique son corps fit des soubresauts convulsifs. De sa bouche déformée par la rage et je l'appris plus tard, le désir bestial de la bête en rut, sortit de la bave mousseuse, ainsi qu'une logorrhée extravagante dans laquelle, Geneviève, il était question de votre personne considérée comme un songe fantasmatique érotomane que je ne saurais retranscrire ici – car vous et moi serions gênés – que je dois donc dissimuler sous le voile de la discrétion mais que je peux résumer par une seule phrase :

« Geneviève, elle est bonne ! Putain, qu'est-ce qu'elle est bonne ! »

Oui, autant mon ami n'est pas sensible aux charmes du Saint-Père, autant il vous adore. Il regrette cependant que toujours vous vous sentiez obligée de vous faire accompagner par une figurante picarde ou berrichonne, qui n'apporte rien à votre gloire, immense, indépassable.

Parce que la vraie Miss France, Geneviève, c'est toi. Tous les ans, tu te retrouves flanquée d'une nouvelle blonde mais on la regarde à peine, Geneviève. C'est toi qu'on admire. C'est toi qui mets en joie, toi qui fais rêver. C'est toi la reine. Les autres, jeunes pimbêches ambitieuses, dès la saison achevée, seront oubliées. Toi, tu reviens, comme le ressac, toujours renouvelé, comme la vague, sans cesse recommencée, comme la marée chargée de moules. Tu reviens, imperturbable et hiératique, éternelle.

Que justifie un an après ton dernier passage à l'émission *Le Fou du roi* ta présence aujourd'hui ? Rien. Rien que toi. Toi dont la seule et unique et suffisante actualité depuis un an est d'avoir ton chapeau. Les autres, pour prétendre à une nouvelle invitation de Stéphane Bern doivent s'échiner à écrire de nouveaux livres, à enregistrer de nouveaux disques. Les malheureux ! Les gagne-petit !

Que légitime ta présence aujourd'hui ? Rien... Rien que toi, dont le seul mérite, et il n'est pas mince, est d'avoir, en compagnie de directeurs de centres commerciaux rubiconds, de conseillers municipaux, directeurs d'abattoirs dans le civil mais chargés, par monsieur le maire, de l'animation culturelle de la commune, partagé un jambon plus ou moins braisé, un œuf plus ou moins en gelée dans des salles polyvalentes plus ou moins surchauffées.

Tu renais tous les ans, phénix impassible, indifférent aux basses attaques, aux quolibets faciles. Heureuse Geneviève.

Tu reviens, admirable mais économe, mettant de côté ton petit salaire auquel tu ne touches jamais. Car, depuis des années, entièrement prise en charge par la société Miss France, tu peux vivre sans dépenser le moindre sou.

C'est une grande œuvre caritative qui est organisée chaque année, c'est à un grand Fontenaython que nous assistons devant nos télévisions, car on ne le dira jamais assez, madame de Fontenay n'a pas seulement besoin de notre aide pendant les mois d'hiver comme les nécessiteux sans envergure de l'abbé Pierre, les pauvres aux petits pieds de Coluche, mais c'est toute l'année qu'il faut subvenir à ses besoins.

Allez bonne année, Geneviève. Courage ! Et à l'année prochaine !

FRANCIS LALANNE

À la question posée par *France-Soir* « Francis Lalanne, on vous adore ou on vous exècre, pourquoi ? », vous avez répondu en toute simplicité : « Je déchaîne les passions. »

Comprenez-moi bien, Francis, je ne dis pas que vous êtes mégalomane. Oh non ! Je ne dis pas ça... D'abord parce que j'ai mon petit orgueil, et que je n'aime pas répéter ce que tout le monde dit. Mais quand même, je ne crois pas que ni Mao Tsé-Toung, ni Fidel Castro, ni Jules César n'ont eu un jour le culot d'affirmer sans sourire : « Je déchaîne les passions. »

Vous me direz : « Mais je ne suis pas le seul, Marthe Villalonga, par exemple, le dit aussi des fois : "Je déchaîne les passions." »

Non, Francis. D'abord, excusez-moi mais je ne sais pas pourquoi, tout d'un coup, vous faites allusion à Marthe Villalonga qui n'a rien à faire avec le sujet. Je la connais un peu Marthe Villalonga, et elle ne dit jamais « Je déchaîne les passions ».

Elle a pu dire, parce que c'est une nature et qu'elle a pour voisins du dessus une famille Chiasson à qui souvent au moment de se mettre à table il manque une baguette de pain ou une demi-livre de beurre ou du sel ou un pack de lait, elle a pu dire, parce qu'elle a bon cœur et qu'elle est prévoyante : « Je dépanne les Chiasson. »

Mais « Je déchaîne les passions », non !

Elle a pu dire, parce que ses voisins du dessous s'appellent les Chaînions, et qu'elle a une voiture plus rapide que la leur, « Je dépasse les Chaînions » quand elle est sur l'autoroute, mais « Je déchaîne les passions », non, en aucun cas !

Je connais un peu Marthe Villalonga. Je préférerais que vous cessiez de faire constamment allusion à elle quand ça vous arrange alors qu'elle n'a pas sa place dans une chronique qui vous est consacrée.

Non, Francis, franchement, à part vous, je ne vois pas qui peut dire des choses pareilles. Peut-être Charles Millon, sortant ivre mort d'une foire à la choucroute, a pu le susurrer sur l'épaule fasciste d'un charcutier sentimental. Mais enfin Francis, admettez qu'en disant des choses aussi radicales, aussi hardies, vous vous positionnez d'emblée vers les sommets. Vous visez le très lourd.

Oui, permettez-moi de vous dire, Francis, au risque de vous vexer, que votre affirmation « Je déchaîne les passions » me semble un petit peu exagérée. Déjà la question de *France-Soir* me semble également abusive.

« Francis Lalanne, on vous adore ou on vous exècre. » Non. Je pense très sincèrement, et encore une fois sans vouloir faire de la peine à qui que ce soit, qu'il y a des gens qui sont assez indifférents à votre personne. Sans aller chercher très loin ; moi... par exemple, vous ne déchaînez absolument pas la passion en moi.

Il m'arrive même de penser à vous avec un certain détachement. Et encore, assez rarement. Il m'arrive même de passer des heures, des journées, des semaines, je n'ose pas dire des mois, sans penser à vous.

Même subrepticement.

Et si je cherchais à définir la relation qui me lie à vous, je pourrais dire que je suis celui qui passe le plus clair de son temps à ne pas penser à Francis Lalanne.

Je vois un disque de vous dans un magasin, par exemple, je ne l'achète pas, non, ça ne me viendrait pas à l'idée, mais je ne le saisis pas non plus pour le piétiner en criant « Salaud de Lalanne ! Fumier de Lalanne ! »

Non, pour prendre un exemple un peu extrapolé, une tranche de jambon sous Cellophane ne me déchaîne pas tellement moins de passion.

Évidemment ce qui pourrait plus me toucher, presque me bouleverser chez la tranche de jambon sous Cellophane, c'est son humilité, sa modestie, sa naturelle fierté de se retrouver interviewée dans un grand palace parisien. Le gras un peu transpirant sous le plastique, jamais une tranche de jambon sous Cellophane n'aurait la présomption exorbitante de plastronner « Je déchaîne les passions » devant Ariane Dolfus de *France-Soir* dont on ne saura jamais en réalité si elle-même vous regarde avec adoration ou exécration, seule alternative possible à ses yeux.

Vous pouvez me trouver cruel Francis, vous pouvez me trouver odieux. Vous vous êtes levé tôt ce matin, vous avez enfilé vos bottes, coiffé votre queue-de-cheval, vous avez quitté la chaleur confortable d'un foyer rassurant, vous êtes parti dans le froid, sous la pluie, pour finalement, à midi moins le quart, sur la première radio du service public, vous faire comparer sans raison à une tranche de jambon sous Cellophane. Oui, vous pouvez me trouver exécrable ou adorable si vous voulez, mais qu'y puis-je Francis, qu'y puis-je ?

Écoute, écoute l'enthousiasme du public qui n'a d'yeux que pour moi, regarde les femmes qui s'évanouissent, qui tombent en pâmoison, traduis les visages de ces jeunes filles qui regardent mon corps comme une image surnaturelle et inaccessible, vois ces maris jaloux qui voudraient me frapper, écoute enfin les cris de joie, les hourras, les vivats, les bravos, les applaudissements fournis, entends la liesse de la foule qui va finalement ponctuer ma chronique en m'acclamant, me réservant une ovation interminable, je n'y peux rien, Francis, je déchaîne les passions !

JEAN DUTOURD

Pour dresser de monsieur Jean Dutourd le portrait
J'ai emprunté le ton du couplet chansonnier,
J'ai choisi d'exploiter les vers de mirliton
Pour évoquer Dutourd Jean Dutourd le vieux con.

On pourrait m'opposer qu'il est trop injurieux
De présenter ainsi l'écrivain pointilleux,
Le styliste accompli pamphlétaire aguerri
Mais « vieux con » c'est français donc « vieux con »
[c'est permis.
Il me faut aujourd'hui paraître irréprochable
Ô mon style sois alerte et ma plume impeccable.
Il nous faut repousser le moindre barbarisme,
Attaquer sans répit les pires solécismes
Car nous pouvons tout dire à Dutourd il s'en fout
Si nous le disons bien il pardonnera tout.
« Prononce si tu veux la plus violente harangue
Ne me respecte pas mais respecte ma langue »,

C'est ce que dans la nuit je crois l'entendre dire
Le vieux réactionnaire amoureux de sa lyre.
Ah ! que je regrette ici les anciennes leçons
De maintien, d'éloquence et de déclamation.
Il me faut respecter la grammaire et le ton
Si je veux fair' sa fête à Dutourd le vieux con.

Le traiter de la sorte à son âge quand même
C'est un outrage indigne, c'est proche du
[blasphème.
Mais s'il avait vingt ans serais-je pertinent ?
Non l'appeler vieux con ne serait pas probant
Car vieux con à son âge impose le respect,
C'est presque une médaill' oui qu'il faut mériter.
Ce n'est plus une pose, c'est plus qu'une attitude
C'est parfois être seul contre la multitude.
Il faut être obstiné, opiniâtre, acharné,
À paraître plus jeune il pourrait s'échiner,
S'inventer des passions qu'il ne goûterait pas,
Adopter des manières qu'il n'approuverait pas,
On verrait Jean Dutourd à la Techno parade
Au bras d'une *drag queen* déguisé en pintade.
Chez Mireille Dumas il viendrait l'œil mouillé
Avouer son secret : l'homosexualité.
Il dirait qu'à douze ans il se prostitua
Et qu'en intraveineuse il se pique au calva.
On lirait « Moi Jean D., quatre-vingt-deux
[printemps

Drogué, prostitué », ce serait émouvant.
Mais ce n'est pas son genre la facile émotion,
Il a trop de pudeur Jean Dutourd le vieux con.

L'arrière-garde se meurt mais elle ne se rend pas.
Des guerres dérisoires des regrets de soldat,
Des conflits sans objet n'intéressant personne,
Doit-on dir' « la » ministre ? Le débat le passionne.
Aucun combat perdu hélas ne lui échappe
Il déteste bien sûr l'art moderne et le rap.
On rejette toujours tout ce que l'on ignore
C'est ainsi qu'on peut voir tant de racisme éclore.
Il se battit jadis tout près du quai Conti
Contre l'idée de femme dans son Académie
Car Yourcenar dit-il fut médiocre écrivain
Mais ell' n'est pas la seule et lui-même en convient.
Défaut impardonnable elle portait des jupons
Je vous avais prév'nu c'est vraiment un vieux con.

Tout ce qui est nouveau le rend comme hystérique
Il devient irascible, il devient colérique,
On le vit à Rungis ach'ter des pomm's de terre
Et tout d'un coup gifler la pauvre maraîchère :
« Des pomm's de terre nouvelles je n'en mange [jamais
Donnez-moi d' la patate blanchie sous le harnais ! »
Au bistrot en novembre il demande inquiet :
« Le beaujolais ancien est-il bien conservé ? »

Mais sa détestation va vers les nouveau-nés
Ceux qui pleurent et souvent réclament la tétée.
Il aim' les ancien-nés bien vieillis, bien matures,
Pouvant à la veillée parler littérature.
Je n'invente rien et je vous en réponds
Il est comm' ça Dutourd Jean Dutourd un vieux
[con.

Toujours il vous dira que c'était mieux avant
Le ciel était plus bleu, le lys était plus blanc,
Faiblesse de vieillard regrettant le bon temps,
Dame ! C'est toujours mieux quand on a dix-sept
[ans.
Un jour il sera mort, on lui rendra hommage
On dira quel grand homme, il fut bon, il fut sage.
Le président ému dira son émotion
Dans ces temps douloureux son admiration.
« Sans être féministe il adorait les femmes »
Confiera une pute au maquillage infâme.
Deux trois copains à lui de sa génération
En se mouchant un peu et buvant des canons
Au bar du temps qui pass' tristes se souviendront
On l'aimait bien Dutourd c'était notre vieux con.

JOSÉ GIOVANNI

Le *Figaro* du 16 avril 2002 parlant de José Giovanni remarque : « C'est un homme entier. »

Quand on sait que José Giovanni a échappé à la guillotine, c'est le genre de détail qu'il n'est pas inutile de préciser.

Ainsi que l'a dit Marat à Charlotte Corday tandis qu'elle lui faisait un massage relaxant : « Personnellement, ce qui m'empêchera toujours d'être royaliste, plus bas, là, vas-y, plus bas, continue... Louis XVI n'est pas un type entier. »

Recevoir José Giovanni est une occasion rêvée pour évoquer ce que toute une génération de nostalgiques de la décapitation appellent « les années guillotine ». Oui, les années guillotine, du temps où l'on était pour ou contre la peine de mort. Chaque année, Armand Jeammot posait la question dans un *Dossier de l'écran*. Chaque année, la famille française s'engueulait devant sa télé.

Papa, en colère, avait des accents de réactionnaire monarchiste quand, pointant le doigt sur l'abolitionniste patenté, il s'écriait comme s'il venait d'inventer la formule d'Alphonse Karr : « Mais monsieur Badinter si on veut abolir la peine de mort, que messieurs les assassins commencent ! »

Ma sœur les yeux rougis par la révolte et la passion de ses convictions avancées était une sorte de Louise Michel yé-yé dont les gestes si amples et si désordonnés risquaient à chaque instant de provoquer une catastrophe irréversible : renverser son bol de camomille sur le dernier numéro de *Salut les copains* avec Monty en couverture... « Mais si on tue les assassins, ça veut dire qu'on est aussi pourris qu'eux. Le rôle de la société, c'est de défendre l'individu. Tuer un assassin, c'est être assassin soi-même ! »

« Monte dans ta chambre, je veux plus te voir ! » rugissait mon père.

« Sale fasciste ! » répondait ma sœur.

Maman pleurait puis écrivait une lettre à *Télé 7 jours* en disant combien elle regrettait les émissions de Jean Nohain. « Pourquoi avez-vous supprimé *Trente-six chandelles* ? » interrogeait ma mère. « Pourquoi ne rediffusez-vous pas la *Joie de Vivre* de Minou Drouet ? » « À propos, que devient Mathé Altéry ? » en profitait elle pour demander en P.-S. Mathé Altéry était la chanteuse préférée de ma mère.

Ah ! elles ont duré longtemps les années guillotine. Ceux qui étaient contre ne pouvaient plus voir un pull-over rouge sans éprouver de la haine, ou des regrets, ou des remords.

Aujourd'hui, la peine de mort est abolie. Tant mieux. *Les Dossiers de l'écran* sont fermés. Tant pis. À la place, Évelyne Thomas anime des sujets de société dans *C'est mon choix*.

J'aime faire l'amour avec les grosses.

Mon mari ne sait pas que je suis un homme et qu'il est mon père.

J'aime me faire sucer par mon labrador.

Je sens des pieds, je pue de la gueule, mais j'ai les cheveux gras.

La guillotine, merci Mitterrand, n'existe plus depuis 1981. Encore un secteur d'activité perdu à cause de la gauche. S'il n'y avait eu ce fâcheux intermède socialo-communiste, on aurait aujourd'hui des bacs professionnels section bourreau.

Au fait, même si en France la bascule à Charlot comme l'appelait Titiche de Montreuil a fini, elle aussi, par passer l'arme à gauche, il n'est pas superflu de se souvenir que nous sommes toujours contre. Les événements récents doivent nous inciter à garder nos colères intactes et nos convictions solides. L'avenir est fragile.

Aujourd'hui dans les familles, chacun regarde son programme télé en trouvant ça nul. Les enfants écoutent Skyrock en surfant sur l'Internet. Ça s'appelle la société de la communication.

Dans les villages les plus reculés, même celui où le dernier fait divers a été commis en 1963 par un enfant de chœur ayant pissé dans un bénitier et devenu depuis agent commercial chez Darty, les vieux ont peur. Tout le monde habite le même hameau depuis que les journaux de treize heures rabâchent tous les jours les mêmes faits divers. On habite tous le même coupe-gorge depuis que les journaux de vingt heures assènent toujours la même antienne.

Et maman regarde sa télé toute seule. Elle ne peut pas s'empêcher de regretter le temps passé et la douce époque des engueulades.

MARIE-CLAUDE PIETRAGALLA

Fermez les yeux, Marie-Claude, fermez les yeux, je vous entraîne dans un pays imaginaire. Un pays merveilleux. Fermez les yeux, Marie-Claude, vous êtes chez vous, un dimanche matin. Votre fils s'est levé tôt pour regarder le magazine de TF1 présenté par Thierry Rolland. Ça s'appelle *Télédanse*. Votre fils est très branché danse. Jamais non plus il ne manquerait *Lotodanse* sur France 3.

Votre mari est absent, il est parti à l'entraînement. Tous les dimanches matins, il fait de la danse. L'après-midi souvent il va voir une chorégraphie dans sa ville ou dans la ville d'à côté. C'est un mordu. Depuis plusieurs années, il est trésorier d'une compagnie de danse. Souvent, le soir, il a des réunions. Le week-end, il est accompagnateur quand la compagnie est en déplacement.

Fermez les yeux, Marie-Claude, je vous emmène dans des contrées extraordinaires.

Tous les jours votre mari achète *La Troupe*, un journal chorégraphique, presque uniquement consacré à la danse. On trouve aussi quelques entrefilets sur le théâtre et sur la poésie.

Imaginez Marie-Claude... Imaginez un monde où, le soir, les hommes refuseraient de sortir parce que, une fois de plus, il y aurait de la danse à la télé.

Une bière à la main, la zapette dans l'autre, avec des copains, votre mari est affalé dans un fauteuil. Ce soir encore, il a le choix. Sur TF1, Jean-Pierre Foucault présente une soirée Béjart. Sur France 2, Michel Drucker a invité Découflé. Jean-Claude Gallota, Montalvo et Hervieu sont sur France 3. Joëlle Bouvier et Régis Obadia sur Canal Plus. À la télévision, on voit même les danseurs et les chorégraphes entre les émissions. Joseph Nadj fait une pub pour le biscuit Le Petit Écolier et Karine Saporta pour Volvic. Pina Bausch a un contrat avec une grande marque de café : « Grand-mère sait faire un bon café Müller. »

Fermez les yeux Marie-Claude... tout à l'heure, votre voisine est venue prendre le thé. Souvent elle vient se confier à vous au sujet de ses histoires de famille. Son fils fait du football, elle a peur qu'il n'ait des tendances homosexuelles.

Au journal de treize heures. C'est encore une affaire de danse qui fait les gros titres. La danse est l'objet de transactions financières des plus frauduleuses. Les danseurs sont achetés puis revendus à prix d'or. C'est le règne des transferts. Les ballets de l'opéra de Stuttgart achètent un petit rat plein d'avenir aux Ballets russes de Monte-Carlo pour le revendre aux ballets de Wuppertal.

Le monde de la danse est un milieu d'affairistes. Piétinant le droit à l'information, un ancien marchand de poulets vient d'avoir l'idée de revendre aux radios le droit de retransmettre des ballets en direct.

Imaginez... La grande mode chez les adolescents c'est d'aller à l'école en tutu. Nike vient de sortir une nouvelle collection de ballerines et des chaussons de danse qui font fureur. Sur leurs justaucorps imprimés, les jeunes défendent leur équipe de prédilection... « Ballets Atlantique, ballets Preljocaj, ballets du Rhin, ou ballets national de Marseille. »

Quelquefois on déplore quelques incidents. Quand les ballets de Marseille viennent présenter *Sakountala*, à Paris, on refusera au Palais des Congrès les supporters du Ballet de l'Opéra de Paris qui viendront avec des canettes de bière et des barres de fer.

Imaginez Marie-Claude un pays où beaucoup de gens diraient « Ils nous font chier avec leur danse. Il n'y en a plus que pour la danse ! On n'en peux plus de la danse. »

Oui, fermez les yeux, Marie-Claude et imaginez le cauchemar.

Un jour le président de la République française Valéry Giscard d'Estaing, oui, car Valéry Giscard d'Estaing a été président de la République française, était allé voir un spectacle de théâtre mis en scène par Jean-Louis Barrault. À la fin de la représentation, Giscard avait demandé à Barrault : « Mais enfin comment se fait-il que vous continuiez à faire du théâtre pour une centaine de spectateurs alors que, grâce à la télévision, vous pourriez toucher des millions de téléspectateurs ? » Barrault avait répondu : « Quelquefois il est plus utile de s'adresser à un seul sorcier dans la forêt qu'à des milliers d'abonnés au gaz. »

Marie-Claude, quand nous irons voir votre spectacle, grâce à vous, nous nous sentirons un peu grand sorcier dans la forêt.

FABRICE LUCHINI

Lorsque au début de l'année scolaire les élèves font connaissance avec leurs nouveaux professeurs, ils se trouvent face à deux catégories bien distinctes de pédagogues. Le sévère et le sympatoche.

Le sympatoche ressemble à ses élèves. Il est coiffé pareil, porte les mêmes vêtements. Dès le premier cours, il se laisse tutoyer. Il prévient qu'il est contre les notes, contre les contrôles, pour l'autodiscipline. Au Bar des Sports, il arrive que les élèves croisent le sympatoche. Un jour, fin septembre, il accepte même de jouer au babyfoot avec eux. Début octobre, il paie sa tournée. « Il est cool. » Qu'est-ce qu'il est sympatoche le sympatoche ! Mais bientôt le sympatoche s'assombrit. Il devient plus austère, plus roide. Car le vent de la liberté finit par souffler trop fort, devient incontrôlable. Le sympatoche ne sait plus comment revenir en arrière. Il se ne sait plus comment arrêter le flux qu'il a lui-même favorisé. Le désordre est total, la confusion incoercible. Un jour, au détour d'un contrôle surprise, il finit d'apparaître tel qu'en lui-même, franchement exécrable. Il se met à hurler, à gifler sans discernement un élève qui poliment levait le doigt pour demander l'autorisation d'aller aux toilettes. « Il pète les plombs », disent ses anciens compagnons de baby-foot. Le sympatoche est devenu un clone de Goebbels.

À la fin de l'année, le sympatoche se retrouve affublé des sobriquets les plus cruels tels que « tête de nœud », « peau de vache », « pourriture ambulante », « résidu de fausse couche », « sale bâtard », « enculé de ta mère ».

Le sévère n'est pas du même tonneau. Il exige qu'on se lève dès qu'il entre dans la classe. Il porte un costume et des cravates foncés. Il n'est pas du genre à se laisser taper sur le ventre. On ne le voit jamais au Bar des Sports. C'est un inflexible. Il ne supporte pas le moindre chuchotement, le plus petit papier froissé, le plus infime rictus sur un visage terrorisé.

Et puis, progressivement, le sévère s'assouplit. Mi-avril, il amorce un sourire. Fin avril, on le surprend au bout d'un couloir en train de chantonner. Début mai, il est considéré comme un brave type. Fin juin, les élèves font une collecte pour lui offrir un Mont-Blanc.

Fabrice Luchini, lorsqu'il entre en scène fait partie de la catégorie des sévères. Le spectateur qui croit avoir affaire à un farceur parce qu'il l'a vu un jour faire le gugusse à la télévision en est pour ses frais. Il est renvoyé sur-le-champ. La spectatrice qui tousse est mise au piquet, dans un coin, les mains sur la tête. Le spectateur qui fait du bruit en bougeant sur son siège part du théâtre avec un mot sur son carnet de correspondance. Le professeur Luchini ne rigole pas. Il a un jour convoqué au théâtre de l'Athénée les parents d'un spectateur qui ne lui donnait pas entière satisfaction.

« Qu'est-ce qui se passe avec votre fils ? Il vient au théâtre, il n'arrive pas à se concentrer, il n'écoute rien, il importune ses voisins ! Qu'est-ce que je dois faire ? »

Dès la semaine suivante, les parents l'avaient mis dans le privé. Les places sont plus chères mais avec Jean Lefèvre, ça va mieux. Il est moins exigeant. Il ne réclame ni le silence ni un travail personnel.

J'ai connu un parent d'élève qui avait tendance à confondre les mots. Au sujet de son fils qui travaillait mal à l'école il avait dit « Si ça continue, je vais être obligé de séduire ».

C'est exactement ça Fabrice Luchini, un acteur qui est obligé de séduire pour transporter la parole des penseurs, des écrivains, des poètes.

Le professeur austère à la fin du spectacle fait l'andouille. Il imite les Deschiens, parle à mots à peine couverts de la critique d'un grand magazine de télévision qui lui a fait un mauvais papier sous prétexte dit-il qu'« il aurait refusé de la sauter ».

Le public est rassuré. Luchini le fait rire. Le professeur austère se transforme en voyou lumineux, en sale teigne insolente et géniale. Il n'y a que les cons qui pensent que le rire s'oppose à l'intelligence.

Merci professeur. On espère qu'on vous aura encore l'année prochaine.

RAYMOND DEVOS

Mesdames, messieurs, Notre Père qui est aux cieux s'ennuyait. Il était de mauvaise humeur.

Il était désespéré.

C'est bien simple, il y avait au paradis une ambiance infernale.

Alors le bon Dieu a appelé saint Pierre. Il lui a dit : « Saint Pierre, je m'ennuie. Convoquez Devos ! »

Saint Pierre a répondu : « Dieu me pardonne, mais Devos, on l'invite, on le convie... Si on a de l'argent on l'engage entre deux galas pour une soirée privée. Mais on ne convoque pas Devos. Pardonnez-moi mon Dieu, mais Devos, ce n'est pas n'importe qui, c'est un créateur... »

« Le Créateur ici c'est Moi ! » s'est écrié le bon Dieu.

Vous connaissez Dieu, c'est un garçon très bon, très sain, qui peut même avoir un côté grand seigneur, mais à force de lui dire que c'est le plus grand, il finit par ne plus pouvoir passer entre deux nuages...

Avec ça, extrêmement rancunier. La colère de Dieu, c'est quelque chose. Ça prend des proportions. Ça peut durer une éternité...

« Appelez-moi Devos », a dit Dieu.

Saint Pierre a dit : « Je vais contacter son producteur. »

« Non, a dit Dieu, il vaut mieux avoir affaire à Moi qu'à mes saints. »

Saint Pierre a dit : « D'accord je vais le prier de venir. »

« Vous allez prier Devos ? »

« Vous avez raison, après tout, c'est quand même bien le diable s'il n'arrive pas à se libérer ! »

Quand Devos est arrivé au paradis avec son chapeau, avec ses bretelles, avec son gros ventre, avec son nez rouge et ses accessoires, aussitôt, il a fait rire tout le monde.

« Un look d'enfer ! » s'écriaient les anges les plus jeunes. Ils applaudissaient à pleines ailes. Il faut dire que c'est la première fois qu'ils voyaient Devos en vrai, ils se disaient :

« C'est pas Devos possible », ils étaient comme sur un nuage... Il y avait une telle effervescence... Les anges étaient aux anges... Certains d'émotion avaient des auréoles jusque sous les bras.

Ils lui ont dit : « Devos, vous êtes vraiment unique. »

Ça a encore énervé le bon Dieu. Il a dit : « Il n'y a qu'un être unique ici, c'est Moi ! »

Saint Pierre a fait les présentations : « Dieu, Devos, Devos, Dieu. »

Un silence...

« Ça tombe bien, a dit le bon Dieu, un ange passe... » C'était extraordinaire : Dieu se prenait pour Devos.

Comme l'ange est repassé dans l'autre sens, Devos a dit, pour faire un peu la conversation : « Ça doit être une drôle de vie qu'être ange. »

Dieu a dit : « Je vous assure mon cher Devos, vous avez dit étrange. »

« Moi j'ai dit étrange, a dit Devos, comme c'est bizarre, mon Dieu, mais je vous croyais plus spirituel. »

Devos sentait bien qu'auprès du bon Dieu il n'était pas en odeur de sainteté, ça l'a énervé.

Devos a dit à Dieu : « J'aime autant vous dire une chose mon Dieu, maintenant que je vous ai en face de moi, je ne crois plus beaucoup en vous. Tant que vous étiez dans l'imaginaire, j'avais foi en vous. Mais si vous existez vraiment alors excusez-moi mon Dieu, mais il n'y a plus aucune raison de croire en vous. Je crois même que je commence à douter de vous. »

C'était la première fois que quelqu'un osait tenir tête à Dieu.

« Je vous signale quand même que c'est Moi qui ai créé le Ciel et la Terre. »

« Mais il y a une éternité, a dit Devos. Nous, dans le spectacle, on essaie de faire une création tous les deux ans. »

« Peut-être mais ce n'est pas vous qui avez inventé le monde. »

« Non, a dit Devos, mais j'ai créé un univers ! »

...

Mesdames, messieurs le bon Dieu en est resté coi.

« Je suis coi », a dit le bon Dieu.

Devos a dit : « Si vous êtes coi, vous redevenez une interrogation pour nous les hommes, si vous êtes une interrogation, je pourrais me remettre à croire en vous. »

Tranquillisé, le bon Dieu a décidé de renvoyer Devos sur la Terre.

C'est comme ça que je me retrouve aujourd'hui face à mon dieu.

C'est comme ça, mesdames et messieurs, que désormais je pourrais aller sur les chemins dire à tous la bonne parole devant des millions de fidèles qui n'ont jamais cessé de croire en vous :

« Devos existe, je l'ai rencontré ! »

PHILIPPE DE BROCA

Vous pouvez dire ce que vous voulez sur Philippe de Broca. Qu'il est malfaisant, gougnafier, pernicieux, méchant, perfide, acariâtre, infidèle, fourbe, insupportable, sans-cœur, criminel, avaricieux, gagne-petit, obsédé, peau de vache, salaud, vicieux, dépravé, pervers, satyre, corrompu, malhonnête, pue-de-la-gueule.

Vous pouvez raconter ce que vous voulez sur lui. Qu'en douce il tourne les nanars les plus épouvantables, *Mon curé chez les nymphomanes*, *Les sous-doués se marient*, *Napoléon chez les nudistes*.

Allez-y, répétez ce que vous croyez être sa vie.

Que la nuit il viole les petites filles, le code pénal, les sépultures. Qu'il est légèrement coprophile et bibliophile pendant qu'on y est. Vous pouvez raconter ce que vous voulez sur lui, colporter les rumeurs les plus terribles, les pires ignominies, qu'il a une voiture allemande, qu'il lui arrive de faire pipi à côté de la cuvette, qu'il est auditeur de RTL.

Vous pouvez même raconter qu'il est capable de faire des merdes à la télé pour payer ses impôts.

Moi, je m'en fous. Philippe de Broca c'est l'auteur de *L'Homme de Rio*.

Et vous pouvez dire ce que vous voulez de la vraie vie, qu'elle est banale comme un film sans scénariste, comme un scénariste sans imagination. Vous pouvez déblatérer ce que vous voudrez.

Mon meilleur copain il s'appellera toujours Bébel et ma fiancée Françoise Dorléac. Vous pouvez bien vous lamenter sur la vie qui est triste puisqu'elle ne laisse le choix qu'entre mourir jeune dans un accident de voiture et vieillir avec des yorkshires greffés sur les avant-bras.

Moi, je m'en fous, j'aurai toujours treize ans et demi. Je serai toujours en permission, amoureux d'Agnès, à la recherche de cette statuette amazonienne volée au musée de l'Homme. Je serai toujours aussi étonné de m'apercevoir que le méchant c'est le professeur Catalan, et Roger Dumas, bidasse incrédule, me fera toujours autant marrer quand à la fin du film, à la gare de Lyon, il arrivera essoufflé de la porte de la Chapelle.

On peut dire ce que l'on veut de vous. D'ailleurs je n'ai jamais entendu qui que ce soit dire quelque chose de mal contre vous. Comment le pourrait-on ? Vous nous avez expliqué deux-trois choses il y a presque quarante ans, que la vie peut être drôle comme une bande dessinée, palpitante comme un film d'aventures, inattendue comme une permission de huit jours. Pour trouver la cachette du trésor des Maltèques, il suffit de faire miroiter le soleil devant une grotte au fond de la jungle. Le trésor pourra bien se perdre, enseveli sous les éboulements suscités par les travaux à la dynamite et au bulldozer de la Transamazonienne. On s'en foutra : la vraie richesse, c'est l'amour, la légèreté, l'humour et les rêves d'enfant.

Je sais, ça fait sentimental de dire ça, premier degré. Je sais.

Oui, on peut dire ce que l'on veut à Philippe de Broca. Du moment que c'est « merci ». Grâce à lui, on a toujours treize ans et demi. Mon meilleur copain, il s'appelle Bébel et ma fiancée Françoise Dorléac.

PATRICK CAUVIN [1]

Dimanche soir j'étais pas bien. Je ne sais pas vous, mais moi dimanche soir, j'étais pas bien. Est-ce que j'avais mangé quelque chose de pas frais ? Est-ce que j'avais attrapé une insolation, j'étais pas bien. Je vous dis ça... c'est pas sûr que ça vous intéresse que je vous parle de ma santé mais comme on nous demande de ne pas parler des élections, je vous parle de ma petite personne.

Donc, dimanche soir, j'étais un peu indisposé. Dans la journée, remarquez ça allait bien... C'est le soir, vers vingt heures, que ça m'a pris, je sais pas ce que j'avais... J'étais un peu souffrant. Vous me direz c'est peut être à cause des élections. Euh, non... ça m'étonnerait... Et puis parler des élections, on n'a pas le droit. Le CSA a prévenu : on

1. Cette chronique ainsi que les deux suivantes ont été écrites entre les deux tours de l'élection présidentielle de 2002.

est sur le service public, on a un devoir de réserve donc je préfère vous parler de choses qui n'ont rien à voir, je vous parle de ma santé. En général, d'ailleurs, de ce côté-là, j'ai pas à me plaindre. Je touche du bois. J'avais un voisin qui s'appelait Dubois. Et alors quand on le voyait, on lui serrait la main, on lui disait : « Je touche Dubois »... Depuis dimanche soir, je ne suis pas en grande forme. D'habitude, ça va. De tension je fais régulièrement 13-8. C'est bien 13-8. Je dors bien, je mange bien. J'ai même un solide coup de fourchette. Mon transit intestinal est tout ce qu'il y a de plus correct. Quand je vais voir le docteur Zucharelli il me dit que je suis une vraie petite machine.

Mais depuis dimanche, vers vingt heures à peu près, au moment de se mettre à table, je ne sais pas ce que j'ai, je suis patraque. Un peu envie de vomir, pas bien... J'espère que ça va passer. Un sale virus sans doute, il y en a de plus en plus des virus. Avant, on était mal fichus, maintenant on a des virus. Et des allergies aussi. C'est fou le nombre de gens qui ont des allergies. C'est fou aussi le nombre de gens qui donnent des allergies. Donc depuis dimanche, je sais pas si c'est un virus, une allergie ou les deux mais je ne suis pas bien. Et je me rends compte que je ne suis pas le seul. Depuis dimanche soir je rencontre plein de gens qui ne sont pas bien, pas dans leur assiette. Un peu comme quand on a la gueule de bois. Comme si on avait tous avalé un sale truc pas bon. Est-ce que c'est les huîtres ? Est-ce que c'est le vin blanc ? On continue à faire ce qu'on a à faire, mais un peu comme des zombies. On n'est pas bien. On attend que ça passe.

Voilà. Sinon Patrick Cauvin, on est bien contents de vous recevoir parce que parler de votre livre, ça nous change les idées, ça nous distrait de ce virus infectieux qui nous afflige. Donc, on va parler d'autre chose. Un truc qui n'a rien à voir. Un truc qui fait peur, un truc qui monte, qui ne cesse pas de monter, comme une angoisse. Un truc effrayant comme une grosse bête immonde qui se rapprocherait dangereusement, le thriller.

Il faut se méfier, le pire est toujours possible. En disant ça, je ne fais pas allusion aux élections prochaines, je lis juste la quatrième de couverture. « Mais la vérité qui les attend est peut-être pire qu'ils ne le pensaient. » Ça fait froid dans le dos.

Votre livre, déjà, il a un très joli titre : *Le Sang des roses*, mais ça fait peur aussi. Depuis dimanche dernier, que je suis un peu patraque, je cherche des choses rigolotes à dire. J'ai un peu du mal. Même ma contrepèterie est chagrine... « Le sang des roses »... ça donne « L'errance des sots ». « L'errance des sots », ça n'a rien à voir avec votre livre ni avec mon sale virus que j'ai depuis dimanche soir.

Une autre triste contrepèterie de votre titre, c'est « L'essor des rances ». Mais ça n'a non plus rien à voir...

Cher Patrick Cauvin, vous êtes un auteur très apprécié.

Si on faisait un sondage, je pense que vous arriveriez dans les premiers romanciers aimés par les Français. Remarquez, il faut se méfier des sondages. Au royaume des aveuglés, le borgne est roi. Et je ne suis pas bien.

Bonne santé Patrick Cauvin. Je lirai votre livre courant mai. J'espère que ça ira un peu mieux pour tout le monde. Je vous embrasse. Meilleure santé à tous.

GAD ELMALEH

Monsieur et madame « Môman j'ai réussi à faire mon lacet tout seul » ont un fils, comment s'appelle-t-il ? Gad. Gad Moman j'ai réussi à faire mon lacet tout seul.

Gad.

Gad, vous avez un prénom ridicule. Je vous le dis tout net.

Ne croyez pas qu'en disant ça je cherche spécialement à me faire bien voir des futurs dirigeants de France Inter au cas où les adeptes d'un projet à la fois national et socialiste arriveraient la semaine prochaine au pouvoir, mais je suis bien obligé de dire que, par l'utilisation de votre simple patronyme, vous ne faites aucun effort d'intégration.

Je suis obligé de vous le dire, Gad.

Et j'en parlais encore hier soir lors d'une joyeuse réunion tout à fait informelle à laquelle je participais avec quelques amis dans une joyeuse brasserie alsacienne afin de définir un nouveau projet culturel pour la France.

Tandis que certains à pleines mains dévoraient des choucroutes garnies sur le ventre rebondi de jeunes femmes blondes et grassouillettes, d'autres sans apprêt urinaient sur de jeunes éphèbes au style évoquant à la fois les plus belles statues classiques de l'Antiquité grecque et les plus riches heures de l'histoire germanique du XXe siècle. Comme autour de la table, à califourchon sur nos chaises, nous tournions en rythme et dans la bonne humeur, nous devisions de la chute des valeurs et du déclin des préceptes moraux.

« Gad Elmaleh et Jamel Debouzze, voici le nom des nouveaux comiques ! » regrettait avec une fougue, dans laquelle se mêlaient colère et mélancolie, un farouche défenseur de la civilisation occidentale en train de sodomiser un crâne rasé. « Que sont-ils devenus nos farouches amuseurs, nos chansonniers du temps jadis, nos pétomanes qui savaient faire rire sans vulgarité ? » questionnait incontinent un sentimental nationaliste, tout en barbouillant de ses selles infâmes la veste immaculée d'un garçon autrichien qui venait nous resservir de la bière chaude et mousseuse.

Croyez bien que cette réunion n'avait rien de xénophobe. Ne s'y trouvaient que des Français de souche, ne vous déplaise monsieur Elmaleh, qui prenaient plaisir à rêver sur de futurs projets de convois, de trains, de camps, qui n'ont pu choquer que des démocrates pusillanimes car, que je sache, évoquer la SNCF ou le camping n'est pas encore passible de procès.

Gad.

J'ai simplement écrit votre prénom sur mon ordinateur, aussitôt, il me l'a souligné en rouge. Je tiens à préciser que mon ordinateur tout comme mon berger allemand et mon syndicaliste Marc Blondel ne fait pas de politique. Mon ordinateur ne donne aucune consigne de vote pour le second tour. Simplement, il souligne en rouge dès que je mets deux f à girafe, ou SS à racisme. Dès qu'il détecte une anomalie, dès qu'il soupçonne la faute, mon ordinateur m'alarme dans l'instant. Je suis allé voir dans le correcteur orthographique et mon ordinateur me conseilla d'utiliser plutôt gag, gaz ou gay.

Lorsque j'ai écrit votre nom Elmaleh, mon ordinateur a encore souligné en rouge mais ne m'a fait aucune suggestion. Je crois qu'il était un peu abattu mon ordinateur, désabusé, écœuré.

Gad, si vous tenez absolument à porter un prénom exotique ou original qui puisse attirer tant de Français, pourquoi ne pas choisir Benito ou Adolf.

Adolf Elmaleh, Benito Elmaleh, merci d'avoir porté jusqu'à aujourd'hui un prénom ridicule. Il nous aura évité de parler politique, ce que nous n'avons pas le droit de faire en période de campagne électorale.

Peut-on rire de tout ? demande-t-on généralement aux humoristes. Demandez-leur plutôt s'ils en ont bien envie.

PIERRE-GILLES DE GENNES

En gros mage à Jean Tardieu

Grand frais, grandes fraises.

Le rhingrave.

Dans trois jours nous aurons un chiot déterminant à taire entre les deux derniers célibats à l'inverse biture pour la résidence de la crêpe cubique. Je vous le gourmande seul et lâchement : contre de Gennes, il faut doter Charpak. Mûrement et civilement, il faut effilocher de Gennes.

Je suis dévalué. On n'a pas le bois. Que ça vous glaise au thon, il faut doter Charpak.

Qui est de Gennes ? C'est ni cul ni foin un bassiste. C'est un cachot. Son pogrom était freinant. Charpak, quoi qu'on puisse en danser est le marrant de la démographie. Je vous le trompette ; on n'a plus le bois. Ce n'est plus le roman de perdrix blessée. Ce n'est plus le roman de se perdre dans je ne sais quel cirque où vont les lions.

Personnellement, je lave tout, j'ai toujours doté apôtre. Aujourd'hui sans hautain être madame, je dote Charpak.

Vous me lirez : « Charpak est un moteur ! Charpak est un raccroc ! » Je suis raccord mais qu'on le treuille ou pas, il est le marrant des lits percés. Soyons glaires, plus Charpak aura de toits, moins il pourra se dévaloir de ses toits puisque ce pote en sa clameur sera juste considéré comme un révérend jaune : cour ou ponte de Gennes.

Et je le dis particulièrement à la tension de chacun des représailles de cloître et de centre cloître : il ne faut accéder d'amiante avec de Gennes et l'extrême cloître quel qu'en soit le cri polémique.

Charpak n'a pas eu Laure quand il a reflué de démâter avec de Gennes. Je bite : « Masse à l'incohérence et à la graine, il n'y a pas de tendre action possible, pas de corps en mission possible, pas de déca possible. » Il n'a bâbord !

Et c'est réconciliant de constater toutes les pondeuses manutentions partout en transes.

La mue est pleine d'éructants qui trient : « À ras de Gennes ! Dotez Charpak ! » Ils ont maison. Vive la jaunisse !

De Gennes est un rixe pour la crêpe cubique. C'est un mixte pour la démographie. Et moi je danse, et moi je danse à ceux qui sont forts pour la transe, je danse aux rémittents, je danse à ceux qui furent tortueux en alchimie.

De Gennes se rétame aujourd'hui de geôle, quel composteur ! Ses abris furent toujours du côté des colles à bois.

Un bouquetin blanc, c'est un toit pour de Gennes. L'abstinence, c'est crotter pour de Gennes.

Je le répète : le rhingrave. (Le rhingrave est un haut-de-chausses très ample attaché par le bas avec des rubans extrêmement à la mode dans la France du XVIIe siècle. Ça je peux le dire sans problème et même si pour je ne sais quelle raison, je me mettais à critiquer le rhingrave, ça m'étonnerait qu'il me demande un droit de réponse sur le service public le rhingrave, qui est également un titre porté par les princes allemands de la région rhénane.)

Grand frais, grandes fraises, j'esquinte avoir été suffisamment glaire : démange province, ne vous trottez pas de bouquetin, contre de Gennes et l'extrême cloître, dotez Charpak.

Je monte sur vous.

ISABELLE AUTISSIER

Comme vous, Isabelle Autissier, j'ai été un navigateur solitaire. C'était il y a quelques années...

Comme vous, j'ai entendu l'appel du large. Comme vous, j'ai voulu mettre les voiles, larguer les amarres. Comme vous, j'ai voulu faire l'amour avec la mer. Moi ce n'était pas le Pacifique, ce n'était pas la mer des Caraïbes, ni les mers du Sud, ni le cap Horn, ni les quarantièmes rugissants.

Ce n'était pas non plus l'Atlantique le passionné, l'Atlantique le fougueux, aux vagues si longues, si puissantes, comme les étreintes perpétuelles d'amants enflammés et insatiables. Ce n'était même pas la Méditerranée, dont les soubresauts fortuits évoquent ceux d'un éjaculateur besogneux... Non, c'était le plan d'eau de Landisacq, petit village de l'Orne, en Basse-Normandie, bénéficiant d'une modeste étendue d'eau justement appelée « étang de Landisacq ».

Hasard du calendrier, je n'ai jamais participé au Vendée Globe, je n'ai jamais non plus fait le tour du monde, aléas des agendas. Et puis, surtout, c'était trop court. Je ne pouvais participer à l'atelier voile que le samedi après-midi, les autres jours j'avais école.

Un samedi après-midi, le vent était absent, l'étang était plat (il était toujours plat), je partis à l'aventure.

Mon navire était un voilier minuscule appelé Optimiste. Il fallait l'être, en effet, pour tolérer que je le manœuvre.

On m'avait prévenu : avec ça, c'est impossible de se mettre à l'eau.

C'était possible.

On m'avait dit que même le pire des marins était sûr de pouvoir revenir à bon port sans encombre et dans la dignité. Le pire des marins venait d'être déclassé : j'avais pris le large sur le petit étang de Landisacq.

Après deux heures, coincé au milieu du plan d'eau, je tentai une manœuvre qui aussitôt me fit chavirer.

C'est à peu près vers cette période que j'abandonnai définitivement ma carrière de marin.

Je suppose, Isabelle, que vous avez déjà entendu parler de moi : mon passage dans la marine à voile, s'il fut bref, fut remarquable. « On n'a jamais vu ça », s'extasient encore à la veillée quelques vieux marins curieusement égarés à Landisacq, la bouffarde perdue au milieu d'une barbe sel, poivre et beurre fermier.

Depuis ce jour, moi qui ai la moquerie facile, l'ironie alerte, la réplique assassine, moi qui serais capable de vendre mon père, ma mère et Stéphane Bern pour un bon mot, je baisse les yeux quand je suis face à la marine. J'évite simplement de la ramener. Je joue profil bas.

Capitaine courageux, je le reste cependant dans l'âme, et je vous propose, Isabelle, d'être votre coéquipier. Vous continuez à lever l'ancre, à prendre les mers. Moi je jette l'encre sur ma feuille blanche, sereine comme une mer d'huile, prometteuse comme les aventures de papier.

Continuez à prendre la mer, Isabelle, que je puisse continuer à rêver...

RENAUD

Il y a des jours, on tourne les pages du journal et on pense à Coluche, on se dit... tiens, qu'est-ce qu'il aurait dit ? Du *Loft*, du 11 septembre, de *Star Academy*, de la défaite des Bleus... Des jours comme ça, à côté des pensées raisonneuses, attendues, on se dit... tiens, ça ferait du bien de regarder un nouveau dessin de Reiser.

Des jours comme ça, on écoute la radio et on se dit : tiens, Desproges, qu'est-ce qu'il aurait raconté ? Qu'est-ce qu'il aurait dit de Le Pen, de Jospin, de Raffarin ? On est des orphelins de tous ces gens qu'on aime et qui nous manquent, de tous ces salauds qui meurent et qui nous abandonnent.

Il y a des jours, on aimerait bien pouvoir se dire qu'on a pris des places pour Bobino, puisque Brassens fait sa rentrée, que Truffaut va sortir un nouveau film, que Goscinny a écrit un nouvel

Astérix, que Ferré remonte d'Italie pour enregistrer un nouveau disque.

Il y a des jours comme ça, où l'on se sent lâché par ces artistes qui nous ont laissés sur le carreau avec nos yeux pour pleurer et nos lèvres pour siffloter comme des enfants peureux quand ils ont besoin de se donner du courage.

Il y a des jours comme ça où l'on est contents de recevoir des nouvelles d'un ami, un ami que l'on ne connaît pas, qu'on a croisé trois fois mais qu'on aime d'affection, un chanteur qui raconte les Mistral Gagnant, les amoureuses en cloque, la misère du monde. Un chanteur.

Sacha Guitry disait, à propos de Mireille, « Elle n'est pas desservie par une grande voix. » On pourrait dire la même chose de Renaud. Renaud n'est pas desservi par un puissant organe, comme dirait Bruno Masure quand, plissant les yeux, il devient tout rouge, sous le charme de sa puissante fulgurance spirituelle.

Renaud est un chanteur sans voix mais avec une parole. Un chanteur, il faut bien l'avouer, qui chante comme une casserole. Une casserole un peu cabossée, même pas émaillée, un peu déformée comme un cœur blessé, le genre de casserole qu'on attache, histoire de rigoler, à l'arrière des voitures de nouveaux mariés. Renaud nous revient, meurtri mais vivant, triste mais debout. *Just ressuscited.*

Renaud chante mal, faux et pourtant on aime l'écouter. D'autres chantent juste, fort, mais nous indiffèrent. C'est une injustice de plus que Renaud ne dénonce jamais. « Renaud ne dénonce que certaines injustices tout en profitant du système », diront ses détracteurs. Renaud a beaucoup de détracteurs. Ceux qui reprochent au fils de professeurs de se déguiser en voyou. Comme si quand on fait du spectacle, qu'on se présente devant des millions de gens, on n'était pas obligé de se trouver un costume.

Il y a des jours, on est triste de devoir aller au cimetière pour y voir des amis. Alors, quand on a un copain, mort d'amour, mort de trouille devant la maladie, mort du mal de vivre, mais quand même vivant, on se dit qu'on est content quand il nous fait signe dans un disque triste, mais réconfortant aussi. Après tout, il n'y a rien de plus triste qu'une chanson gaie, rien de plus apaisant qu'une chanson triste. On se dit qu'on n'est pas tout seul. C'est par égoïsme qu'on est content de le retrouver, Renaud, parce que même quand il est triste, il nous console.

Le dernier disque de Renaud, c'est plein d'amis à lui, plein d'amis perdus... Boudard, Fallet, Tonton, Boby Lapointe, Bernard Dimey... et

Robert Doisneau, qui ne quittait jamais une assemblée sans dire « C'est pas qu'il est tard, mais on s'ennuie. »

À côté de tous les vivants qu'on aime et nous empêchent de sombrer dans une totale nostalgie, Alain Souchon, Juliette, Michel Jonasz, Thomas Fersen, Vincent Delerm – tout nouveau et déjà indispensable –, on aime que Renaud nous donne de ses nouvelles même quand elles sont pas bonnes.

Et pouvoir continuer à siffloter dans la nuit pour nous donner du courage...

FRANÇOISE GIROUD

Aujourd'hui, une chronique explosive, une chronique choc. Je préfère prévenir, je peux affirmer ainsi que l'a dit Michel Droit, paix à son âme chasseresse, rentrant d'un safari avec sur son épaule un de ses amis morts: «Je crois que je suis en train de soulever un gros lièvre.»

Par cette chronique, je vais faire une révélation qui risque de faire grand bruit dans le landerneau médiatique. Landerneau, chef-lieu de canton du Finistère, arrondissement de Brest dans le Léon. Saluons au passage nos auditeurs bretons, notamment les Landernéens et les Landernéennes à qui je demanderais cependant de bien vouloir évacuer cette chronique dans laquelle ils n'ont rien à faire.

Je vais en effet, face à Françoise Giroud, personnage considérable de la république des lettres, du journalisme et de la vie politique depuis plus de cinquante ans, apporter des informations qui risquent de la détruire, de la déconsidérer, de la discréditer pendant au moins les cinquante prochaines années de sa vie.

Vous vous attendiez à une émission légère, Françoise Giroud, détendue, de bon aloi, entre gens de bonne compagnie et puis patatras ! grâce aux informations que je vais apporter aujourd'hui, votre carrière va se trouver définitivement entachée, salie, oléagineuse.

(Vous pouvez être surprise et à juste titre par l'emploi de cet adjectif « oléagineux », que vous avez le droit de juger peu à propos. C'est que voulant faire se succéder trois adjectifs afin de donner une impression de solennité à mon introduction, j'ai tapé sur mon ordinateur l'icône « outil » dans lequel je puise des synonymes. « Sali » m'a donné « graisseux », « graisseux » m'a renvoyé à « oléagineux ». Même si je vais pratiquer ce qu'il est bien convenu d'appeler un meurtre médiatique, je veux le faire avec style.)

Je tiens à révéler par ailleurs que j'ai adressé ce matin même une petite lettre anonyme à M. Laurent Joffrin, rédacteur en chef de l'excellent magazine *Le Nouvel Observateur* (j'ai mis « excellent magazine », car je ne voudrais pas que François Raynaert puisse à cause de moi avoir des problèmes avec sa direction), afin de lui faire part de mes informations.

Voilà la révélation de ce qu'il faut bien appeler à partir de maintenant « l'affaire Giroud ».

Madame Françoise Giroud, chroniqueuse télé au *Nouvel Observateur* ne regarde pas la télé.

Voilà, c'est dit. L'étincelle s'apprête à mettre le feu aux poudres. Le scandale est lancé. Bien sûr, il arrive à Françoise Giroud de s'intéresser par hasard à une émission politique, à la retransmission d'un opéra, à la finale de Roland-Garros mais elle ignore tout de ce qui fait le quotidien du petit écran.

Journaliste d'investigation, j'ai profité d'un salon du livre pour lui poser un certain nombre de questions... Quels sont les présentateurs de *M6 Music* ? Qui anime *Téléshopping* ? Qui est le fiancé de Flavie Flament ? Quel est le tour de poitrine de Sophie Thalmann ? Elle était incapable de me répondre ! Quelles sont les rubriques du *Morning Live* ? À quelle heure est diffusé *Attention à la marche* ? *Tacotac TV* ? *Amour, gloire et beauté* ?

Elle ne savait pas !

Ah ! on fait moins la fière là, Françoise Giroud ?

Tandis que notre valeureux Guy Carlier tartine ses Pepito avec du Nutella afin de pouvoir supporter les errements de Julien Lepers, les improvisations de Pascal Sevran, la vie trépidante du *Loft*, Françoise Giroud écrit des livres, voit des amis, va au théâtre, à l'opéra. Il lui arrive même de lire. Mais ne regarde que trop rarement *C'est mon choix* (derniers sujets traités : « J'aime avoir les cheveux gras », « mon fiancé sent des pieds », « je mange mes crottes de nez et j'aime ça »).

Honte à vous Françoise Giroud ! Vous faites ce qui vous plaît, vous parlez de ce que vous voulez. C'est trop facile !

Peut-être pas tant que ça après tout. La liberté a ses exigences et vous regarder vivre pourrait bien nous consoler de vieillir.

LINE RENAUD

Lorsque l'on reçoit Line Renaud, c'est comme si on accueillait la tour Eiffel, le camembert ou la rosette de Lyon. C'est comme si on était face à Marianne, à la Marseillaise, à la Madelon. C'est comme si devant nous apparaissaient les plaines de Champagne, la vallée de la Maurienne ou la baie de Somme. C'est comme si on avait à notre table le mont Gerbier-de-Jonc en personne, la planèze de Saint-Flour, et le Massif armoricain. C'est comme si surgissaient la monarchie de Juillet, la guerre de Cent Ans et le mouvement cistercien de Cluny. Line Renaud, c'est Henri IV signant l'édit de Nantes, c'est de Gaulle descendant victorieux les Champs-Élysées, c'est Jacques Chirac exposant ses testicules au fort de Brégançon, Line Renaud, c'est l'histoire d'une nation, Line Renaud c'est la mythologie de tout un peuple... Line Renaud, c'est la France !

Car un jour, sur la pointe de ses pieds dansants, Line est entrée dans le cœur des Français et ne l'a plus jamais quitté. Depuis les années cinquante, je sais que c'étaient les années cinquante, ne me demandez pas quel siècle... à une époque où il n'y avait pas encore de digicode, la concierge était dans l'escalier mais Line était déjà en haut des marches. Elle fait partie de nos vies depuis des années, des années... Et là j'arrêterai l'allusion à l'âge de Line.

Non ! Je ne me moquerai pas de son âge, même s'il est avancé, même s'il est considérable, même s'il est impossible de trouver encore un vétuste fonctionnaire retraité de l'état civil capable de mettre la main sur l'acte de naissance de Line Renaud. Déchiré, par les différents incendies, guerres, révolutions qui ont jonché l'histoire, effacé par les différentes catastrophes naturelles, mis à mal par les différentes phases de sédimentation, les poussées orogéniques et les phénomènes d'érosion précédant les grands ensembles structuraux mis en place au cours de l'ère primaire, l'acte de naissance de Line Renaud n'est pas regardable quand elle l'est encore.

Non, je ne me moquerai pas de l'âge de Line car chansonner sous cet angle est dangereux. Thierry le Luron l'avait dit dans un moment de lucidité : « Elle nous enterrera tous ! »

Oui Line nous enterre tous ! La première levée ! La dernière couchée ! La plus gaie ! La plus courageuse ! Line Renaud, c'est la France increvable, celle qui sourit, celle qui se bat, celle qui swingue, celle qui ne perd pas courage. Elle fait partie de notre panthéon.

« Rentre ici Line Renaud avec ton cortège de plumes, de strass et de chansons à la con ! »

Car ne dis pas le contraire, Line, tu en as chanté quelques-unes des chansons à la con ! Tu as fait les beaux jours de l'après-guerre dans la France devenue insouciante, celle qui sifflotait *Le Chien dans la vitrine*, celle qui étoile des neiges mon cœur amoureux s'est pris au piège de tes grands yeux...

Moi, si on m'avait dit, il y a vingt-cinq ans, que un jour je connaîtrai Line Renaud !... Si on m'avait dit qu'un jour je tutoierai Line Renaud. Line Renaud ! À l'époque, moustachu, cheveux longs, j'allais à la Fête de *l'Humanité* voir Catherine Ribeiro, je connaissais le répertoire de Marc Ogeret, de Bernard Haillant et je peux même le dire, de Gilles Vigneault !

J'étais comme ça.

Je suis comme ça. Même critique, même déçu, je me sens faire partie d'un peuple de gauche quand Line est plutôt associée à une culture de droite.

Je suis comme ça. Incrédule et sceptique quand elle croit lire des signes que lui lance son amoureux parti au ciel il y a 8 ans.

Je suis comme ça. J'aime Line Renaud parce qu'elle est gaie, parce qu'elle aime rire, parce que chez elle la gentillesse n'est pas une pose devant les journalistes mais sa marque de fabrique.

D'ailleurs, je dois l'avouer, l'influence de Line sur ma personne est considérable. Je la connais depuis l'automne dernier et déjà en mai, au second tour, pour la première fois de ma vie, et je pense la dernière, j'ai voté Chirac.

Allez Line, je peux bien te le dire, mon cœur amoureux s'est pris au piège de tes grands yeux.

JEAN PIAT 2

Aujourd'hui, on reçoit la hantise du chroniqueur, la terreur du pisse-copie, la frayeur du gratte-papier, on reçoit un comédien. Mais pas n'importe quel comédien.

On reçoit un comédien de talent, un comédien aimé, respecté. Autant dire un emmerdeur.

Oui, car Jean Piat est un comédien sans autres histoires que celles qu'il raconte sur les écrans de cinéma ou sur les scènes de théâtre... On ne le voit jamais en première page de *Voici*, jamais dans la presse à scandales. Il pourrait frapper sa femme, son singe ou son hôtesse de l'air, mais non Jean Piat est un comédien discret qu'on imagine homme de bien, bon mari, bon père de famille, heureux grand-père, prospère arrière-grand-père, radieux arrière-arrière-grand-père... Autant dire un chieur.

Tous les jours, Jean Piat se réveille vers huit heures huit heures et demie. À neuf heures moins le quart il va au cabinet et y reste un petit moment. Il s'y rend régulièrement accompagné du journal *Le Figaro* ou d'un de ces livres que l'on peut lire par fragments et dont la vocation même semble convenir parfaitement à la solitude introspective de ces moments-là... *Les Pensées* de Pascal, *Les Caractères* de La Bruyère ou *Les Fables* de La Fontaine. Quelquefois aussi, il y va les mains vides préférant patienter quelques semaines avant d'y emmener le prochain ouvrage attendu de François Morel réunissant ses meilleures chroniques de France Inter et qui paraîtra début février aux Éditions du Rocher-Archimbaud...

Vers neuf heures, l'acteur s'exclame « bon allez, c'est pas le tout » et décide d'aller se servir un café au lait dans un bol breton légèrement ébréché mais auquel il tient beaucoup car dessus est inscrit son prénom, Jean. C'est un cadeau qu'il a reçu d'une vieille tante qui possédait une petite maison dans le golfe du Morbihan, juste à côté de Port-Blanc, pas loin de Locmariaquer... Jean Piat se ressert un petit fond de café, mélancolique se gratte le bas-ventre, puis reprend une dernière lampée de café.

Vers onze heures et demie, coup de théâtre, Jean Piat pour la deuxième fois de la journée s'exclame « bon allez, c'est pas le tout ». Il décide d'aller faire sa toilette. Quelquefois sous sa douche il chantonne... Quelquefois il reste muet, on le sent soucieux, pensif, préoccupé : il se demande ce qu'il va manger à midi.

Avant treize heures, il pose sur la table de sa cuisine une tranche de jambon et une boîte de sardines à l'huile puis se fait le reproche de ne pas être allé au marché afin de remplir son réfrigérateur qui exhale une fragrance de cabillaud mort et de pont-l'évêque abandonné. Jean Piat se nourrit en regardant le journal de treize heures. Il constate que le monde va mal en se servant un petit blanc qu'il a récemment acheté lors d'une foire aux vins.

Légèrement assoupi devant sa télévision, Jean Piat se réveille en sursaut et à nouveau s'écrie « bon allez, c'est pas le tout » et se résout à rejoindre son lit afin d'y faire une petite sieste. À dix-huit heures quinze, Jean Piat encore un peu ensommeillé regarde le début de *Questions pour un champion* puis tout à trac quitte son logement afin de se rendre au théâtre. À dix-neuf heures, il est dans sa loge. La costumière l'interroge sur sa journée... « Pfftt ! on voit pas le temps passer... » regrette Jean Piat, homme philosophe et énigmatique.

« Vous feriez mieux de vous reposer un peu », lui conseille la vieille costumière qui est un peu l'ange gardien du théâtre.

Le soir, à partir de vingt heures trente, frémit le rideau rouge. Jean Piat apparaît sur la scène, fascinant, envoûtant, troublant, captivant, somptueux, magnifique, admirable, riche de toutes les vies, plein de toutes les humanités. Il est prince, roi, mendiant, assassin, criminel, poète, diable ou bon Dieu, tout le monde et personne.

Les spectateurs s'interrogent sur les mystères d'un pareil homme quand ils le regardent quitter le théâtre, superbe et fascinant sous son chapeau d'artiste. Résignés, ils sortent de leurs poches les clefs de leur voitures et juste après avoir frôlé l'extraordinaire, le merveilleux, retournent chez eux, rejoindre leur quotidien banal, puis tandis qu'ils se résolvent à déserter les confins d'une vie rêvée ils murmurent comme pour eux-mêmes, comme pour se donner du courage « Bon allez, c'est pas le tout ».

BERNARD SOUSTROT

L'occasion de pouvoir parler trompette à la radio ne se présente pas tous les jours. Moi, régulièrement j'appelle le bureau du *Fou du roi* pour réclamer la présence de Bernard Soustrot dans l'émission. Alexia, l'assistante de notre producteur Jean-François Remonté, me répond régulièrement : « Non, tu comprends, non, la trompette non, déjà Soustrot il a été invité sur France Musique dans la nuit du 7 au 8 décembre 1984, s'il revient sur France Inter, ça risque de faire doublon... non, tu comprends, non. »

Moi, comme je peux je défends la venue du trompettiste... « Mais là c'est important parce que la trompette tu comprends... la trompette. »

« Oui mais non, répond Alexia, tu es gentil mais là, non, en plus Jacques Chancel a déjà fait une *Radioscopie* de Maurice André en avril 1977, tu comprends France Inter est une chaîne généraliste qui n'a pas spécialement vocation à promouvoir la trompette. En plus ça risquerait de nous mettre à dos le syndicat des flûtes traversières et des cornets à pistons, non, tu es gentil, mais là, non... »

« Mais Alexia, là c'est différent, ça n'a rien à voir, la trompette quand même la trompette... »

« Non, François, n'insiste pas, je te dis que... » Et là, tout d'un coup, une voix masculine surgit de mon combiné... « Allô, Jean-François Remonté à l'appareil, on n'invitera pas Soustrot et maintenant s'il te plaît, tu es gentil, tu arrêtes de faire chier ma femme ! »

Stupeur de ma part... « Ah bon, vous êtes mariés Alexia et toi ? »

« Écoute, il s'agit un petit peu de notre vie privée, me fait Jean-François, je n'ai pas à subir tes interrogatoires... »

« Non, non, bien sûr, je dis à Jean-François, d'ailleurs ça ne me regarde pas, mais je suis très heureux qu'au sein même de la Maison de la Radio, dans ce lieu si réputé pour son caractère inhospitalier et sa froideur, deux petits étourneaux aient pu abriter leurs amours délicieuses, j'en suis très heureux. »

« Eh bien oui, me confirma Jean-François, tout d'un coup adouci, je peux bien te le révéler, Alexia et moi éprouvons l'un pour l'autre des sentiments... »

« Pas possible ! »

« Si ! m'assura Jean-François, Alexia, tu as dû t'en rendre compte, est un joli brin de fille qui me plaît beaucoup et, pour ma part, je crois bien ne pas lui être totalement indifférent...

« Pas possible ! répétais-je, abasourdi par ce que je venais d'entendre. C'est donc pour ça que l'on vous voit de temps en temps agglutinés l'un sur l'autre contre la vitre du studio, les deux bouches pressées dans un entrelacs de lèvres et de salive, toi lui donnant des coups de reins incessants et frénétiques tandis qu'elle pousse des hurlements brûlants : "Vas-y continue, oh oui, vas-y continue, vas-y c'est bon !" »

« C'est pour ça », chuchota Jean-François que j'imaginais baissant les yeux, rougissant, ému de m'avoir fait cet intime aveu.

« Je comprends mieux alors, pourquoi l'autre matin, venu comme toujours très tôt afin de répéter mon texte, je vous ai surpris à califourchon sur la table du studio utilisant les micros à des fins non électroacoustiques... »

« Voilà, tu sais tout, mais je t'en prie, me fit Jean-François, n'en parle à personne, non seulement nos amours sont ici clandestines, mais d'autre part nous n'avons pas envie que cela se sache. Par ailleurs nous préférons garder notre relation secrète. Tu comprends, on pourrait m'accuser d'avoir profité de ma situation si convoitée pour favoriser un proche que je baise... »

« Ne t'inquiète pas, Jean-François, je sais être discret, mais à ton tour, promets-moi bientôt d'inviter Soustrot. »

« Va, ton vœu est exaucé, ainsi tu pourras tout le temps d'une chronique laisser libre cours à ta passion pour la trompette, va, me fit Jean-François, royal et majestueux, d'un geste large remisant sur son épaule sa toge en organdi et s'éloignant déjà du téléphone... »

« Tu es content ? » me demanda Alexia, encore tout attendrie par ce qu'elle venait d'entendre.

« Oui, lui fis-je, je vais enfin pouvoir tout mon soûl parler de Bernard Soustrot. »

Parce que la trompette quand même... la trompette.

ALEXIS GRUSS

Un cirque, quand ça traverse un village, ça fait rêver les enfants des villageois. Avant l'arrivée des artistes, des éléphants et des chapeaux hauts de forme remplis de tourterelles, l'effervescence se lit sur les visages.

Ah ! les affiches sur les platanes. Les clowns sur les réverbères ! Roulements de tambours. Bientôt dans votre ville...

Un cirque quand ça traverse un village, c'est un vent de folie qui vient souffler sur l'ordinaire. Les plus grands artistes ! Les plus grands numéros ! Les plus exceptionnels ! Les plus sensationnels ! Le cirque, ça craint pas l'hyperbole.

Il était une fois dans un village un enfant triste qui n'aimait pas le cirque.

« J'aime pas le cirque », qu'il disait. « Le cirque, ça pue. Ça sent le fauve et la pisse, le crottin de cheval et la rancœur. Ça sent la mort. »

On lui disait qu'il avait tort. Le cirque, ça sent la poudre de maquillage, la barbe à papa, ça sent la joie, l'insouciance et l'émerveillement. Le cirque, ça respire la vie. Ça respire la fête. Ça inspire l'amour.

Mais non, il n'était pas d'accord.

« J'aime pas le cirque », qu'il disait. Avec son imaginaire à deux balles, ses habits de lumière rapiécés, ses panthères anémiées. « J'aime pas le cirque. Ça sent le fauve et la pisse, le crottin de cheval et la rancœur. Ça sent la mort », disait l'enfant triste qui n'hésitait pas à se répéter quand il était content de ses formules.

On lui disait qu'il avait tort. Le cirque ce sont des travailleurs de force au service du rêve. Des gros-culs dans la nuit qui battent la campagne, des bras de chemises qui s'acharnent à coups de maillets, à coups de pieux enfoncés, à coups de sang. Un chapiteau qu'on monte c'est un monument dressé pour saluer l'éphémère. Le cirque, ce sont des forçats au service de la magie d'un instant.

Mais non, l'enfant triste n'était pas d'accord. Il trouvait vulgaires les cuisses de l'écuyère, racoleur le string des trapézistes. Tellement convenu le sourire triste du vieux clown qui fait pitié avec son fard grossier et ses larmes à la con. Tellement démodé le funambule à l'époque du sans fil.

« J'aime pas le cirque », qu'il disait.

On ne cherchait même plus à le convaincre. Ça n'avait pas de sens : un enfant qui n'aime pas le cirque, c'est aussi anormal qu'une souris qui n'aime pas le fromage, un général qui n'aime pas les décorations, un chien qui n'aime pas les caresses, un Breton qui n'aime pas la pluie. Et puis dans le fond, on ne saura jamais vraiment pourquoi l'enfant triste n'aimait pas le cirque. Peut-être juste pour le plaisir de ne pas ressembler aux autres enfants qui attendaient le cirque comme on attend le messie.

Peut-être juste pour se prémunir contre la déception. Pour mieux s'habituer au retour de l'ordinaire.

Quand même après le passage du cirque, l'enfant triste était revenu sur la place du village, là où l'herbe avait brûlé, là où la terre avait été piétinée par le public, par les camions, les animaux, l'agitation d'une vie inaccoutumée. Quand même, l'enfant avait bourré ses poches avec un peu de sciure, un peu de sable abandonné et puis s'en était retourné chez lui déposer son trésor dans une boîte en fer.

Un cirque est passé. Comme l'illusion du bonheur.

TABLE DES MATIÈRES

CET OUVRAGE
A ÉTÉ ACHEVÉ D'IMPRIMER SUR ROTO-PAGE
PAR L'IMPRIMERIE FLOCH À MAYENNE
EN JANVIER 2003

Éditions du Rocher
28, rue Comte-Félix-Gastaldi
Monaco

Dépôt légal : janvier 2003.
N° d'édition : CNE section commerce et industrie
Monaco : 19023.
N° d'impression : 56231.

Imprimé en France